苦手な子供でもできる！

アルファベットと英単語の覚え方

三浦 光哉・佐竹 絵理 著

はじめに

新学習指導要領では、小学校中学年（第３学年）から外国語活動（英語）が導入されることとなりました。最近のグローバル社会の進展、外国人との異文化交流、海外旅行ブーム、そして、2020年の東京オリンピック・パラリンピックの開催など、もはや英語は必須のものとなりました。市区町村の教育委員会では、小学１年生からALT（外国人教師）を学校に派遣して、生きた英会話を取り入れているところもあります。家庭教育においては、幼児期から英語教材を活用したり英語スクール等に通わせていることも少なくありません。

筆者は、小学３年生から外国語活動（英語）が導入されると聞いて、少なからず危機感を覚えました。普段から発達障害児等と接していますので、このような子供たちにとっては習得が難しいのではないか、ローマ字も小学３年生で習うので混乱するのではないか等、不安が募りました。

これまで筆者は、学習障害（英語）のある発達障害児に対して、その認知特性を個別検査等で分析し、個々の能力や特性に合った教材・教具を開発して困難性を改善してきました。しかし、その指導の多くが主に中学生を対象としたもので、小学生を対象としたものは皆無でした。

このようなことから、小学３年生を念頭において、活動（指導）の初期段階で必要とされる、アルファベットの読み書きが明確に覚えられるような指導や教材・教具、ローマ字と英語を混乱せずにその違いがわかるような指導や教材・教具、の２つを考え、本書を出版するに至りました。

本書は、理論・解説編と実践編で構成しています。理論・解説編では、英語教育の目的は何か、なぜ英語が必要なのか、発達障害児等に対する英語のつまずきとアプローチの仕方、ローマ字と英語の違いを中心に解説しています。特に、ローマ字と英語の違いが明確になるように、Ｑ＆Ａ形式でわかりやすく示しました。教師の皆様に活用していただき、是非とも子供たちにその違いを教えていただきたいと思います。また、実践編では、アルファベットの大文字と小文字の読み書きの指導を示し、さらに、英単語や英文の読み書き、間違えやすいアルファベットなども加えました。実践編でのアルファベットと英単語の読み書きの練習およびローマ字と英語の違いについては、多忙な教育現場の先生方や保護者の方にも簡単にご活用いただけるように、付録のCD-ROMに収録していますので、印刷してお使いいただければ幸いです。

平成30年７月

山形大学教職大学院教授　三浦　光哉

Contents

第2部 実践編 アルファベットの習得に向けたアプローチ手法

第1部

理論・解説編

外国語活動とつまずき

第1章 外国語活動で求められること

1 小学校中学年における外国語活動導入の経緯

平成29年3月告示の新学習指導要領では、小学校中学年（第3学年）から外国語活動が導入されることになりました。グローバル化が急速に進展する中で、外国語によるコミュニケーション能力は、これまでのように一部の業種や職種だけでなく、生涯にわたる様々な場面で必要とされることが想定され、その能力の向上が求められています。そして、この外国語活動では、取り扱われる言語が「**英語**」を原則とすることが示されています。

現行の学習指導要領では、小・中・高等学校で一貫した外国語教育を実施することにより、外国語を通じて、言語や文化に対する理解を深め、積極的に外国語を用いてコミュニケーションを図ろうとする態度や、情報や考えなどを的確に理解したり適切に伝えたりする力を身に付けさせることを目的として、「聞くこと」「話すこと」「読むこと」「書くこと」などを総合的に育成することをねらいとし、様々な取り組みを通じて指導の充実が図られてきました。小学校高学年（第5学年）から導入された外国語活動の成果としては、児童の高い学習意欲と中学生の外国語教育に対する積極性の向上といったことが認められています。しかし、次に挙げるような課題や状況も指摘されています。

① 中学校の段階における音声から文字への学習への円滑な接続
② 日本語と英語の音声の違いや英語の発音とつづりの関係、文構造の学習においての課題
③ 児童の抽象的な思考力が高まる段階にある高学年における、より体系的な学習
④ 学年が上がるにつれて生じる、児童生徒の学習意欲の面での課題
⑤ 学習内容や指導方法等を発展的に生かすための学校種間の接続

このような成果と課題を踏まえ、新学習指導要領では、小学校中学年から外国語活動を導入し、「聞くこと」「話すこと」を中心とした活動を通じて外国語に慣れ親しみ、外国語学習への動機づけを高めた上で、小学校高学年から発達の段階に応じて段階的に文字を「読むこと」「書くこと」を加えて総合的・系統的に扱う教科学習を行うとともに、中学校への接続を図ることを重視することとしています。

2 小学校中学年の外国語活動の要点～目標～

小学校における外国語学習（外国語活動・外国語科）においては、その特性を踏まえて、児童の学びの過程全体を通じて、知識・技能が実際のコミュニケーションにおいて活用され、思考・判断・表現を繰り返すことで獲得され、学習内容の理解が深まるなど、「知識及び技能」と「思考力、判断力、表現力等」を一体的に育成するとともに、その過程を通して、「学びに向かう力、人間性等」に示す資質・能力の育成を目指すため、国際的な基準などを参考に「聞くこと」「読むこと」「話すこと [やり取り]」「話すこと [発表]」「書くこと」の５つの領域で英語の目標を設定しています。

中学年の外国語活動の目標は、「知識及び技能」「思考力、判断力、表現力等」「学びに向かう力、人間性等」の３つの資質・能力を明確にしたうえで、各学校段階の学びを接続させるとともに、「外国語を使って何ができるようになるか」を明確にするという観点から、「聞くこと」「話すこと [やり取り]」「話すこと [発表]」の３つの領域を設定しています。中学年で音声面を中心とした外国語を用いたコミュニケーションを図る素地を育成したうえで、高学年において「読むこと」「書くこと」を加え教科として外国語科を導入し、５つの領域の言語活動を通じて、コミュニケーションを図る基礎となる資質・能力を育成することとしています。

また、中学年の外国語活動の目標については、学年ごとに示すのではなく、より弾力的な指導ができるよう、２学年間を通した目標とされています。

(1)　外国語を通して、言語や文化について体験的に理解を深め、日本語と外国語との音声の違い等に気付くとともに、外国語の音声や基本的な表現に慣れ親しむようにする。

これは、「知識及び技能」を体験的に身に付けることに関する目標として掲げられたものです。新学習指導要領では、音声中心で学んだことが中学校の段階で音声から文字への学習に円滑に接続されていないなどの課題を踏まえ、「日本語と外国語との音声の違い等に気付く」を「知識及び技能」に追加しました。日本語と外国語を比較することで、日本語と外国語との音声の違い等に気付かせることを指しています。

日本語の音声の特徴を意識させながら、外国語を用いたコミュニケーションを通して、日本語の使用だけでは気付くことが難しい日本語の音声の特徴や言葉の仕組みへの気付きを促すことにより、日本語についての理解を深めるとともに、日本語とは違う外国語のリズムや発音などをより深く楽しむことができるようになります。また、自信をもって言語活動に取り組むためには、外国語の音声や基本的な表現に慣れ親しむことが重要です。

(2)　身近で簡単な事柄について、外国語で聞いたり話したりして自分の考えや気持ちなどを伝え合う力の素地を養う。

これは、「思考力、判断力、表現力等」の育成に関わる目標として挙げられたものです。「身近で簡単な事柄」とは、学校の友達や先生、家族などコミュニケーションを図っている相手、身の回りのものや自分が大切にしているもの、学校や家庭での出来事や日常生活で起こることなどのうち、簡単な語彙や基本的な表現で表すことができるものを指しています。

中学校の外国語科では、「日常的な話題や社会的な話題について」を取り上げ、生徒の日々の生活に関わる話題や社会で起こっている出来事や問題に関わる話題の内容へと発展しますが、中学年の外国語活動で身近で簡単な事柄について音声で十分にコミュニケーションを図っておくことが、高学年以降の外国語学習の動機付けとなり、さらに中学校の外国語科につながっていくのです。また、中学年の外国語活動では、初めて外国語に触れることに配慮し、また、中学年の発達の段階を踏まえ、伝え合う力の素地を「外国語で聞いたり話したりして」と、「聞くこと」「話すこと［やり取り］」及び「話すこと［発表］」の３つの領域を通して養うこととしています。

(3)　外国語を通して、言語やその背景にある文化に対する理解を深め、相手に配慮しながら、主体的に外国語を用いてコミュニケーションを図ろうとする態度を養う。

これは、「学びに向かう力、人間性等」の涵養に関わる目標として掲げられています。中央教育審議会答申では、この「学びを人生や社会に生かそうとする『学びに向かう力･人間性等』の涵養」を重視し、「知識及び技能」や「思考力、判断力、表現力」をどのような方向性で働かせていくかを決定づける重要な要素をしています。児童が興味をもって取り組むことができる言語活動をやさしいものから段階的に取り入れたり、自己表現活動の工夫をしたりするなど、様々な手立てを通じて児童の主体的に学習に取り組む態度の育成を目指した指導をすることが大切です。

高学年の外国語科では、「外国語の背景にある文化に対する理解を深め」としているのに対して、中学年の外国語活動では「言語やその背景にある文化に対する理解を深め」と示されています。これは、母語と外国語を比べることで、日本語も含めた言語の普遍性について体験的に気付くことが重要だからです。

また、高学年の外国語科では「他者に配慮しながら」としているのに対して、中学年の外国語活動では「相手に配慮しながら」と示されています。これは、初めて外国語に触れることや、中学年の児童の発達の段階において常にコミュニケーションの対象となるのは、目の前にいる相手と限定したからです。

3 早期からの英語教育

新学習指導要領において、外国語活動（英語）が小学校中学年から始まることを受けて、周りの教師たちからは様々な声が聞こえましたが、大きく2つの意見に集約されたようです。

一つは、「少しでも早い方が、より英語に慣れ親しむことができるのではないか」という意見です。高学年になると、身体発達の早い子供は「思春期」に入ります。周りの目が気になったり、声を出す活動を恥ずかしく感じたりする子供が増えてきます。また、友人間における人間関係も複雑になり、自分の思いや気持ちを素直に表現することをしなくなることもあります。中学年のころであれば、身体を動かしての活動や声を出しての活動に抵抗感なく取り組むことができるのではないか、と考えているからでしょう。

もう一つは、「すでに何らかの事情で学習に困難を抱えたり苦手意識をもっている子供たちは、英語にうまく慣れ親しむことができず、『英語嫌い』になるのではないか」という意見です。日本語での学習にさえつまずきを感じているのだから、中学年から英語が導入されるとますます混乱して、『英語嫌い』になる時期を早めてしまうだけなのではないか、と考えているからでしょう。

今後、学校教育における英語の学習は、小学校中学年から始まりますが、家庭教育や保護者の考えにより、乳幼児期から英語の学習を始めている子供もいますので、すでに英語に慣れ親しんでいていることも少なくありません。溝上（2012）によれば、中学校入学前の子供に英語を教える、いわゆる早期英語教育は、英語が公立小学校で教えられるよりもずっと以前から主に民間によって行われてきており、親たちの間では子供の英語の学習はかなりポピュラーなものとなっていると指摘しています。また、就学前の幼児の10人に1人が英語教育を受け、その半数は2～4歳で英語を習い始めているという報告（鶴巻，2010）、都市部では半数程度の小学生が学校以外のところで英語の学習を経験しているという報告（市川，2004）や、全国の8～9割の私立小学校では英語の学習が低い年齢から行われており、英語教育を取り入れている私立幼稚園などもあることなどから、民間の早期英語教育は相当定着しているということがわかります。

溝上（2012）は、このような早期英語教育を推進する言説について、基本的に次の3つのタイプに集約されると述べています。

タイプ１　「国際社会に英語は必要である」
「これからの日本人は英語ができないとグローバル化した世界では生きていけない」

タイプ２　「子供時代は言語の習得に適した時期であるから、小さい頃から英語に触れれば苦労なく自然に英語が習得できる（＝適期教育）」

タイプ３　「早く始めなければ、ネイティブスピーカーのような本物の生きた英語を習得することができない」（臨界期仮説）

一方、小学校の英語教育をめぐる議論においては、上記の他に、

タイプ４　「英語教育を国際理解教育、異文化理解教育と位置づけ、異文化に対する積極的な態度や寛容性を育てる」

があり、 小学校における英語の目的を語る言説においては、タイプ４が主流になっているようです。

学習指導要領の変遷をみると、平成 10 年度学習指導要領から「総合的な学習の時間」の中で英語活動を行ってもよいとされ、そして、現行の平成 20 年度学習指導要領では、小学校高学年を対象に週 1 時間程度の外国語活動が行われています。いずれにしても、「頭が柔らかいうちから始めれば早く覚えられる」「幼いうちから始めれば自然に英語が身に付く」と漠然と考えている大人や子供が少なくないという事実は否定できません。

4　外国語活動で身に付ける力

小学校における外国語活動では、いったいどのような力を付けることを目指しているのでしょうか。新学習指導要領では、「外国語によるコミュニケーションにおける見方･考え方を働かせ、外国語による聞くこと、話すことの言語活動を通して、コミュニケーションを図る素地となる資質･能力を次のとおり育成することを目指す。」とし、以下の３つの目標が掲げられています。

(1) 日本語と外国語との音声の違い等に気付き、外国語の音声や基本的な表現に慣れ親しむ。
(2) 外国語を用いて、自分の考えや気持ちなどを伝え合う力の素地を養う。
(3) 主体的に外国語を用いて、コミュニケーションを図ろうとする態度を養う。

つまり、「聞くこと」「話すこと」を中心として活動を通じて外国語に慣れ親しみ外国語学習への動機づけを高めるということが重視されているのです。簡単にいうと、「英語を勉強することは楽しい」「もっと英語を勉強したい」という「英語学習に対す

るモチベーション」を高め、小学校高学年からの教科としての「外国語科」につなぐということです。

英語がどのくらいの学習時間で身に付くかについて、森山（2011）は非ネイティブスピーカーとして外国語を運用できるレベルに達するには最低 2,000 時間の学習が必要、茂木（2001）は海外駐在員に必要といわれる TOEIC730 点レベルに達するには中学校英語を学んだ上でさらにプラス 2,000 時間の学習が必要、松村（2009）は日本人が中級レベルの英語を習得するには 4,000 時間の学習が必要、とそれぞれ述べています。中学校と高等学校の６年間と大学２年間での英語の学習時間は、かなり多く見積もっても 1,120 時間という試算もあります（松村，2009）。

日本語を母語とする子供が、小学校入学までに日本語に接している時間は、少なくとも2万5千時間（0～3歳は1日 10 時間、3～6歳は1日 14 時間日本語に触れていると仮定して試算）に上っています（茂木，2001）。子供たちは、「自然に日本語を習得する」のに、これだけの時間を日本語づけになって過ごしていることになります。したがって、学校における外国語活動だけでは、「自然に英語を習得する」ことはありえないことなのです。

では、小学校における外国語活動に求められていることとは、一体どういったことなのでしょうか。

外国語を習得するには、どんなに開始年齢が早まったとしても、長い時間を要します。それ相当のストレスも感じることでしょう。それを克服し、乗り越えて学び続けるためには「モチベーションの継続」が必要です。一度聞いただけ、読んだだけ、書いただけで定着が図られていくことは決してありません。何度も何度も繰り返し練習したり、確認したりする努力と根気が必要です。

学校以外の場で英語を学習している子供が増えていることは事実ですが、学校教育の中では、小学校中学年で「英語に初めて触れることに配慮して」、簡単な語彙や基本的な表現に十分に慣れ親しませ、自信を持たせ、英語の学習に対するモチベーションを継続させて、小学校高学年での外国語科（英語）へつなぐことが求められているのではないでしょうか。

第2章 発達障害が疑われる子供のつまずきと外国語活動

外国語活動（英語）を苦手としている子供たちの中には、発達にアンバランスがあったり、認知に偏りがあったりするためにつまずいている場合もあります。したがって、一人一人の実態や特性、様々にもっている気質を十分に把握した上で適切な指導をしていくことが重要となります。

そこで、学習障害（LD）、注意欠陥多動性障害（ADHD）、自閉症スペクトラム障害（ASD）など発達障害の疑いや傾向がある子供たちが外国語活動（英語）において、具体的にどのようなつまずきが予想されるのかについて指摘し、そのつまずきに対するアプローチの仕方を述べます。

1 学習障害（LD）が疑われる子供のつまずきとアプローチ

LDは、文部省（1999）が以下のように定義しています。LDは、国語の読み書きや算数の四則計算や文章問題、図形などにおいて著しい困難を示します。LDが明確になるのは小学2年生以降となります（LDの判断基準には、「小学校2、3年生は1学年以上の遅れ、小学校4年生以上は2学年以上の遅れ」があるため）。

小学校中学年から外国語活動（英語）が始まると、英語の発音、アルファベットや英単語の読み書き、英会話で苦手な子供が出てくると予想されます。英語は、「聞く」「話す」「読む」「書く」の能力が必要とされますが、最も顕著に苦手さが表れるのは、「読む」「書く」だと考えられます。LDの子供の中には、ひらがなやカタカナ、漢字を覚えていく段階で、「文字」の認識に弱さが多く見られます。ましてや、積み重ねのない新しく目にする「アルファベット」では、ますます混乱することが予想されます。「読み」「書き」に顕著な苦手さが見られた場合には、小学校低学年にLD（国語の読み書き）の疑いや傾向がなかったかを調べる必要があります。つまり、英語がわからないのではなく、もともと読み書きに困難を抱えているがために、英語の学習につまずいているのかもしれません。このことは、小学校高学年や中学校で英語を不得意としている子供にも共通しています。

また「聞く」「話す」においても、聞いただけでは定着しにくく、目にした文字をヒントにする場合も多いと思われます。そうした場合にも、文字を認識する力の弱さは、外国語活動（英語）に対する苦手意識を助長すると考えられます。

学習障害とは、基本的には全般的な知的発達に遅れはないが、聞く、話す、読む、書く、計算する又は推論する能力のうち特定のものの習得と使用に著しい困難を示す様々な状態を指すものである。学習障害は、その原因として、中枢神経系に何らかの機能障害があると推定されるが、視覚障害、聴覚障害、知的障害、情緒障害などの障害や、環境的な要因が直接の原因となるものではない。　文部科学省（1999）

外国語活動（英語）で予想されるLDのつまずき

【聞く】
- 英単語の発音を真似して正確に繰り返すことができない。
- 質問や重要なキーワードを聞き逃してしまう。

【話す】
- 英単語や英文の発音が不明確で英会話が聞き取れない。
- 構文（主語、述語、目的語）で話せないので、話す内容が明確にならない。

【読む】
- 逐語読みでたどたどしかったりする。
- 英単語を飛ばして読んだり、同じ行を繰り返し読んでしまう。

【書く】
- アルファベット大文字と小文字、左右の向きなどの形を認識することができない。
- アルファベットや英単語を四線の正しい位置に書けなかったり、はみ出してしまう。
- 線の数、点の位置、向きなど、細かいパーツの書き間違いが多い。
- 筆圧が弱い。アルファベットや英単語の文字が判別しにくい。

LDへのアプローチの仕方

【聞く】
- 英単語のアクセントの部分を大きく発音して意識させるようにします。
- 難しい英単語や発音にマーカー等の印を付け、印を意識しながら聞き取らせます。

【話す】
- 教師が英単語や英文をはっきり、ゆっくり、丁寧に発音してみせ、それを真似させます。
- 主語、述語、目的語などの文字カードを作成し、基本的な例文を示して、その中に英単語を当てはめながら練習していくようにします。

【読む】
- 子供自身が覚えやすいような語呂合わせの読みを考え、それを発音させます。
- 目の動きが悪い場合には、眼球運動トレーニングして目の動きをスムーズにします。
- 口の動きが悪い場合には、早口言葉や連続重複読みをして口の動きをスムーズにします。
- 英単語が読めない場合には、読み仮名を付けるなどして読ませます。

【書く】
- 大文字と小文字、左右反対になっている似たようなアルファベット文字の識別は、どこがどのように違うのか、子供自身に気付かせてから書かせます。
- アルファベット文字が四線のどこの場所に書くのかについて、始点と終点、赤線を意識させて書かせます。
- 縦横の線、斜めの線、曲がる線、点などのパーツの組み合わせを覚えさせます。
- 「宅配便伝票」の複写を利用し、一番下まで文字が写っているかを確かめさせます。

2 注意欠陥多動性障害（ADHD）が疑われる子供のつまずきとアプローチ

ADHDは、文部科学省（2003）が以下のように定義しています。ADHDには、「不注意」「多動性－衝動性」「混合（多動性、衝動性、不注意）」の３つのタイプがあります。主に、行動面や生活面で著しい困難を示すため、それが学習場面において影響をもたらす場合が少なくありません。ADHDは７歳以前に発症しますので、小学校低学年からその様相があらわれます。なお、アメリカ精神医学会の統計マニュアルのDSM-5（2013）では、発症時期を12歳以下としています。

外国語活動（英語）では、ゲーム形式であったり、ペアやグループでの対話練習、イラストや写真などを見たりする活動など、身体を動かしたり言葉で表現したりする活動内容が多く含まれており、ADHDの子供は、むしろ意欲的に取り組む傾向があります。

しかしその一方で、多動のため集中力が続かず最後まで発音や英文を聞くことができなかったり、衝動性が強いために、自分勝手に発話してしまったり、対話練習の順番が守れなかったりすることが考えられます。また不注意があるために一度聞いた英単語や英文をすぐに忘れてしまうなどのつまずきが予想されます。このようなつまずきは、「ワーキングメモリー」の機能不全があるためと指摘されています（日本精神神経学会，2014）。

なお、ADHDの子供の中には、薬物治療を受けている場合もあります。一般的にメチルフェニデート（コンサータ）やアトモキセチン（ストラテラ）などの薬を服用していると、興奮を抑制したり注意集中するようになります。しかし、ゲームや対話形式での活動で盛り上がって興奮すると、その薬の効果が薄れてしまう場合もありますから、十分に留意する必要があります。

ADHDとは、年齢あるいは発達に不釣り合いな注意力、及び／又は衝動性、多動性を特徴とする行動の障害で、社会的な活動や学業の機能に支障をきたすものである。また、７歳以前に現れ、その状態が継続し、中枢神経に何らかの要因による機能不全があると推定される。

文部科学省（2003）

外国語活動（英語）で予想されるADHDのつまずき

【不注意】
- アルファベットや英単語を書き写す際に文字が抜け落ちたりする。
- 集中が続かず飽きてしまう。繰り返しの練習ができない。
- 最後まで聞いていないために、自分で勝手に作った発音や英会話をしてしまう。
- 一度聞いた英単語や英会話をすぐに忘れる。

【多動性】
- アルファベットや英単語を書き写す際に乱雑に書く。
- 四線の位置に正しくアルファベットや英単語が書けない、ズレてしまう。

【衝動性】
- 英会話の際に自分勝手に話し出してしまう。
- 一斉の読み練習で、本人だけ早く話し出してしまう。

ADHDへのアプローチの仕方

【不注意】
- 短期記憶の乏しさのために忘却しがちなところを、初期学習で十分に繰り返し、再生や再認学習をしたり、刺激をいくつかまとめたり、語呂合わせなどで意味づけしたりすることにより、長期記憶に定着させていきます。
- 集中が続くように、聞いたり話したり、絵文字、写真、ジェスチャーなど、様々な活動を組み合わせます。
- 手本のアルファベットや英単語と、本人が書いた文字を比較させて間違いに気付かせます。

【多動性】
- 動的な活動や視覚的な刺激に対する反応がよいので、子供自身が実際に操作したりする活動を多く取り入れます。
- 「ゆっくり、丁寧に」などの声掛けは、書き始める前と書いている最中に行い、書き終わった後も「丁寧にかけましたか」と声掛けします。
- 四線の上の部分に書くアルファベット、四線の下の部分に書くアルファベットなどに分けて示し、四線の位置に正しく書けるようにします。

【衝動性】
- 行動抑制ができにくいので、すぐに課題に取り組ませるのではなく、自己調節をしながら計画的な活動になるよう、自分で「何をどうするか」などのプランニングを考えさせてから課題に取り組ませるようにします。
- 勝手に話し出す場合には、「はい、どうぞ」など、合図を決めて読ませるようにします。
- 自分の思考や行動をコントロールする働きを持つ内的言語に弱さがあるので、できるだけ言語化するのをサポートしてあげます。

3 自閉症スペクトラム障害（ASD）が疑われる子供のつまずきとアプローチ

高機能自閉症とアスペルガー症候群の定義は、文部科学省（2003）が以下のように定義しています。その後、アメリカ精神医学会のDSM- 5（2013）において、広汎性発達障害のグループを「自閉症スペクトラム障害（ASD）」として採用し、現在では一般的になりつつあります。

ASDは、「社会性」「コミュニケーション」「想像力」の障害を持ち合わせています。さらに、感覚過敏、固執性やこだわり、自己理解や他者理解の欠如などの様々な気質もありますので、主に対人面・行動面・生活面で著しい困難を示し、それが学習場面において影響をもたらす場合が少なくありません。ASDの中でもアスペルガータイプや高機能自閉症は、知的に遅れていないことから障害に気付きにくく、小学校中学年からようやくわかってくることもあります。

外国語活動（英語）が始まると、ASDの子供は、特異的な知的能力を発揮して意欲的に取り組む場合がある一方で、対人関係が苦手なので、上手に英語でコミュニケーションができない、自分勝手にどんどん話してしまう、相手の表情や動作が読めないなどのつまずきも見られます。また、こだわりがあるために、日本語とは異なる英語独特の発音や英語のきまりを受け入れることができず、いつまでも混乱してしまったり、自分勝手な思い込みによる発音や綴りにこだわることも考えられます。

自閉症とは、3歳位までに現れ、①他人との社会的関係の形成の困難さ、②言葉の発達の遅れ、③興味や関心が狭く特定のものにこだわることを特徴とする行動の障害であり、中枢神経系に何らかの要因による機能不全があると推定される。

高機能自閉症とは3歳位までに現れ、①他人との社会的関係の形成の困難さ、②言葉の発達の遅れ、③興味や関心が狭く特定のものにこだわることを特徴とする行動の障害である自閉症のうち、知的発達の遅れを伴わないものをいう。また、中枢神経系に何らかの要因による機能不全があると推定される。

アスペルガー症候群とは、知的発達の遅れを伴わず、かつ、自閉症の特徴のうち言葉の発達の遅れを伴わないものである。なお、高機能自閉症やアスペルガー症候群は、広汎性発達障害に分類されるものである。

文部科学省（2003）

外国語活動（英語）で予想されるASDのつまずき

【社会性】
・自分の世界に入り込み、教師の指示や英文や英会話を聞いていないことがある。
・英会話で相手の表情や動作を読み取るのが難しい。

【こだわり】
・自分なりの発音や英単語のスペルにこだわってしまい、間違ってしまう。
・同じ活動をいつまでも続けてしまい、次の活動に切り替われない。

【コミュニケーション】
・英会話の対話練習やグループ練習では、友達とかかわりながら学ぶことができない。
・わからなくなると、固まって動けなくなる。

【感覚過敏・その他】
・一斉の英会話の場面で、自分だけ音量が高くなったり、逆に大きな音が苦手になる。
・空間認知が弱いために、形やバランスの取れた文字が書けない。

ASDへのアプローチの仕方

【社会性】
・多弁な子供や声の大きい子供、あるいは英語が得意な子供のペースで進んでしまう場合には、それを抑えながら活動を進めていきます。
・絵や写真から読み取る、表情・声色から相手の気持ちを感じ取る、暗黙のルールを理解する等は苦手なので、抽象的な表現を避けたり具体的で短い言葉で指示をします。
・自分の世界に入り聞いていないことがあるので、指示を理解したかを必ず確認します。

【こだわり】
・手続きや手順にこだわりがある場合には、「何がどのようにできればよいか」について具体的な完成形を示すようにします。また、「どんなことをどんな順序で学習していくのか」について番号を付けて視覚的にわかりやすく示していきます。
・本人のこだわりのために、アルファベット文字の書き順、形、位置が異なっている場合には、手本を確認しながら間違いに気付かせて修正させます。

【コミュニケーション】
・英会話の対話練習や発音練習で友達とのやり取りが苦手な場合には、ペアの相手を見直したり、教師が側についてサポートすることも必要です。
・ペア活動では、一方的に話すのではなく、「自分が質問したら、相手が答える」といったルールを確認させます。
・固まって動けなくなる場合には、何をするのか見通しを持たせたり、「これだけは活動する」といった最小限の活動を示します。

【感覚過敏・その他】
・英会話の対話練習でクラス全体が盛り上がりうるさくなっている時には、会話の音量を小さくするように指示します。また、本人に耳栓を付けさせることも検討してみます。
・形やバランスの取れた文字が書けない場合には、四線のどの線から書き始めてどの線で終わるのか、また、赤線の上に書くのか下に書くのかを意識させます。
・教室内が暑いと集中できなくなるので（暑がりなので）、エアコンを入れるなど教室内の温度環境を整えます。

第3章　小学校中学年の入門期に身に付けること

1　第二言語としての英語

（1）　英語を母語としている子供の言語発達

英語を母語としている子供たちの言語発達を見てみると、第一発話期には、周囲の大人の模倣から始まります。この時点では、完全に真似をしているため、間違いはほとんど見られません。しかし、2歳ごろから、急に言い間違いが増えてきます。なぜでしょうか。これは、これまで学んだ文法事項を自分なりの意味付けを始めるためなのです。例えば、大人の模倣をして「I eat …」と言っていたのに、「I eated…」などと言い間違ったりするようになります。過剰適応といわれる状態で、過去形には「ed」を付けるといった文法知識を過剰に運用し始めるために起こる現象であるといわれています。

この時期を過ぎ、さらに学習が進むと、規則変化と不規則変化の動詞があることに気付き、自然に区別することができるようになるのです。このように、間違いが急に増えてくる時期に、「前に教えたでしょう」などと、むやみに叱責することは逆効果です。子供たちが頭の中で文法規則をかみ砕き、自分なりに答えを導き出すまでは、このようなミスが続くことを考慮しておかなければならないのです。

（2）第二言語習得の発達段階

図1には、和泉（2016）による第二言語習得に見られる発達曲線を示しました。U字型曲線は、第二言語習得だけでなく母語習得においても見られる曲線であり、学習の根本的なメカニズムに似通った部分があるからだと考えられます。初期段階では、知識量が少ない分だけ、聞いた文やフレーズをそのまま繰り返すことが多くなるため、間違える確率は低いのですが、学習が進んで情報量が多くなり、言葉が創造的に使われるようになると、正確さが著しく下がってくるのです。そのため、必ずしも「言語能力の伸展」＝「正確さの向上」とならないのは、母語習得でも第二言語習得でも共通した事実となっているのです。

英語を母語としている子供たちの発話の初期段階においては、「What's up?」は「What is up?」ではなく、「What's up?」という一つのかたまりで認識されて、チャンクとして捉えられています。第二言語として英語を学んでいる子供たちの中にも往々にして見られる現象です。日本語を母語としている子供たちも、一語発話期、二語発話期、電報文発話期といった発達段階を経て日本語を習得していきますが、英語

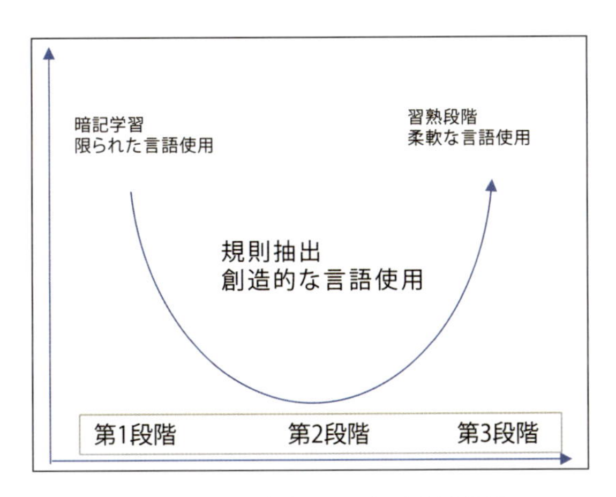

図１　第二言語習得に見られるＵ字型発達曲線（和泉，2016）

を母語としている子供たちにとっても同じことが起きているといえるでしょう。

このように様々な議論がありますが、言語学の分野では、おおむね就学前の５～６歳ぐらいまでに母語の骨格がほぼ形成されるといわれています。そのため、一応の目安として、５～６歳以降に学んだ言葉が、第二言語と呼ばれるようになります。その第二言語である英語を学び始める時期は、これまで小学５年生の 11 歳前後からとされてきましたが、新学習指導要領ではこれが小学３年生の９歳前後に開始することになりました。この年齢では、すでに母語習得の方法が身に付き、母語にチャンネルが合わされた状態になっています。たとえ、母語習得が自然に起こり、また誰にとっても可能であるとはいえ、それは一朝一夕に起こり得るものではありません。言語習得はどんな状況であってもそれなりに時間のかかるプロセスであり、一つ一つの発達段階を経て徐々に習得されていくものです。ましてや、第二言語として英語を学ぶ際には、母語として日本語を習得することと、全く別物であることをまず理解しておく必要があるでしょう。子供たちが暮らしの中で身に付けた母語としての「日本語」の習得自体は、週に数回程度の英語活動に影響を受けるようなもろいものではないのです。

（３）日本語と英語の違い

そもそも主題優勢言語といわれる日本語と、主語優勢言語といわれる英語とでは文法構造に根本的な違いがあります。日本語は、ある主題について言及した後で、それについてコメントするという形がとられます。主題とそれに続く述部との関係は、かなりゆるいものとなっています。それに対して英語は、主語・述語構造で文が構成されていて、その間には厳密性や対応関係が求められます。その根本的な違いが日本語を母語としている英語学習者にとっては混乱を招くことになります。

また、英語の音の単位は「音素」といわれるもので、日本語の「拍」（モーラ）よりさらに細かい音から成り立っています。“日本語耳”になっている英語学習者にとっては、このことが英語を聞き取れない大きな要因となります。

中国語を母語としている子供と、日本語を母語としている子供とでは、どのくらい音を聞き取る力に差があるのかを調べた研究では、「音」そのものを聞き取る力においてはあまり差がないことが報告されています。しかし、決定的に違うのは、「文」の聞き取りです。中国の子供たちは、英文をそのままコピーするように聞き取っているのに対して、日本の子供たちは聞き取った英文を分解しようとするため、頭の中で情報がオーバーフローを起こした状態になるのです。ましてやワーキングメモリーの小さい子供は、もっと聞き取ることができない、もしくは聞き取れてはいるが、自分の中で分析消化できていない、ということになります。

英語にはストレスやイントーネーションがあり、日本語にはそれらはあまり感じられません。そのため弱く発音されるものなどは、ほとんど聞き取ることができません。より英語らしいリズムや音の特徴に耳を馴らしていくトレーニングも大切です。定型発達の子供であれば、CD やネイティブの発音を繰り返し聞いたり、真似したりすることで習得することができていくのかもしれませんが、何らかの発達の課題を抱えた子供たちや、認知に偏りのある子供たちにとっては、これだけではなかなか難しいと思われます。おそらく、他の人の何倍も時間を必要としたり、別の形のアプローチを必要としたりするのではないでしょうか。

（4）聞く力を伸ばす

言語能力の４技能の中で、最も基本的な能力は「聞く力（リスニング力）」です。まずリスニング能力を伸ばし、そのあとに「話す力（スピーキング力）」を伸ばしていきます。「読む力（リーディング力）」はリスニング力がベースとなり、ライティング力はリーディング力がベースとなっています。

日本の英語教育では、リスニングよりもリーディングが、スピーキングよりもライティングが優先されていましたが、近年の文部科学省の英語教育改革により、この傾向に変化が見られるようになってきました。新学習指導要領でも、「英語と日本語の音の違いに気付く」のように「音」を意識した内容や、従来の４技能のうち「話すこと」を「話すこと［やり取り］」と「話すこと［発表］」に分け、スピーキング力を意識した内容が示されています。

何らかの発達の課題を抱えた子供たちや認知に偏りのある子供たちにとって、「聞く」「話す」ことが難しい場合には、例えば、“What time is it now?” が「掘った芋　いじるな」のように、英文の音の特徴を拾って日本語の文を作り、英語らしく聞こえるように発音練習してみる方法などはどうでしょうか。単純に英語を発音している、という練習よりは、発音している文が日本語であるという安心感と日本語なら言える、という自信をもてることなどもあり、楽しんで口頭練習を行うことができるのではないでしょうか。

英語の定着には、繰り返し練習することが必要ですが、「難しい」「わからないからつまらない」といった子供たちは、こうした繰り返しの練習を嫌がる傾向にあります。「楽しんで繰り返し口にしてみたい」と思う教材を工夫することが、何らかの発達の課題を抱えた子供たちや認知に偏りのある子供たちにとって一番の支援になるはずです。

他にも、"Good morning."が「朝の挨拶は、良い牛の鳴き声」のように、意味と音とをつないだ語呂合わせなどの方法も考えられます。認知の仕方は子供たちによってそれぞれ異なるため、これだけ、というわけではないですが、少しの工夫で英語の学習が進むのであれば、あれこれ考えて指導を工夫していくことが重要であると考えます。

2 アルファベットの習得

(1) アルファベットを習得した姿とは

「読み」「書き」を含めて、日本語を自由に使いこなすためには、ひらがな50音の文字とそれぞれの「読み」「書き」ができるようにならなければなりません。それができるようになって「ことば」が使えるようになるのです。英語では、その基本がアルファベットなのです。アルファベットそのものを認識できるようになれば、それらをもとにした単語や文に「意味」が生まれていきます。

小学校学習指導要領解説(文部科学省, 2017)では、外国語活動において、「文字の読み方が発音されるのを聞いた際に、どの文字であるかが分かるようにする。」、外国語において、「活字体で書かれた文字を識別し、その読み方を発音することができるようにする。」、また、「大文字、小文字を活字体で書くことができるようにする。」と示されています。つまり、小学校修了時には、アルファベットの大文字と小文字の「読み」「書き」ができるようになることを目指す、ということになります。

それでは、「アルファベットを覚える」「アルファベットがわかる」とは、具体的にどのようなことができるようになることなのでしょうか。「読める、書けるようになる」ということはわかりますが、具体的な姿を考えてみましょう。

(2) アルファベットの習得に向けて

まず、第一段階として、形を認識できるようになることが必要です。アルファベット一文字一文字の形を覚え、他の文字との違いがはっきりとわかるということです。

第二段階としては、アルファベットの「読み」がわかるようになることが必要です。ここでいう「読み」とは、あくまでも「アルファベット読み」のことです。「A」を「エィ」と発音することができるようになるということであり、「エィ」と言われたら「A」を指さすことができたり、「A」というアルファベットを選択したりすることができれば「形と読みを覚えた」ということができるでしょう。
同解説では、「文字の読み方が発音されるのを聞いて、活字体で書かれた文字と結び付ける活動。」と具体的に示されています。ここでの「文字」とは、英語の活字体の大文字と小文字を指し、「読み方」とは、文字の「名称」を指しています。
第三段階として「書く」という領域に入っていきます。ここでは、最もハードルの高い「書く」ということについて、もう少し考えてみましょう。
子供たちは、ひらがなや漢字、そして数字の学習において、書き順を習い、なぞり書きを経て、書き練習をする、といった流れの中で文字を習得することが多いと考えられます。事実、定型発達の子供であれば、これで十分に習得していくことができると思います。しかし、この一般的な指導だけでは、十分に習得・定着に結び付かない子供たちが少なくないのではないでしょうか。このような子供たちは「何度も繰り返し練習する」だけでは十分に習得することが難しい子供たちなのです。しかも、形とバランスを定着させるためには、英語学習の初期段階では、四線を用います。四線のどの位置に書かなければならないのかという、位置関係も覚えなくてはならないのです。空間認知に弱さのある子供たちにとっては、ますます混乱することでしょう。また、もっと根本的な部分では、アルファベットを構成している「線」や「曲線」そして「･」といったパーツをきれいに書くことや、「・」を適切な大きさで書くこと、線と線を合わせてきっちりとした「角」を付けることも重要です。これができないと、文字が文字として成り立たないからです。また、そうしたパーツには、これまで学習してきたひらがなやカタカナ、漢字には含まれていないものもあります。
これだけでも、認知に何らかの偏りがあったり、こだわりなどの気質をもっていたりする子供たちにとっては、難易度はかなり高くなるでしょう。
第四段階として、アルファベットは英単語や文の中では必ずしも「アルファベット読み」にならないため、子供たちは単語や英文を発音するための「別な読み」を用いることが要求されることになります。ローマ字読みともアルファベット読みとも違う「読み」で、英語の読みを構成している「音素」をもとにした「フォニックス」です。
日本語を構成している最小の単位は、「拍」（モーラ）であり、日本語のリズムはこの「拍」をもとにしたリズムです。それに対して、英語を構成している最小の音の単位は、日本語の「拍」よりもっと小さな「音素」という単位であり、リズムは音節によるものとなっています。また、日本語の「拍」は英語の「音節」より小さいため、生後数年ですでに日本語を聞き取るための「耳」にチューニングされた子供たちにとって、英語の音声を英語として聞き取るためには、それ相応の過程を踏まなければ、聞き取ることができるようにはならないということになります。

第4章 ローマ字と英語の違い

1 ローマ字と英語の混同

学校教育でのローマ字の学習は、昭和22年度学習指導要領から小学校4年生の国語科で始まり、現行の学習指導要領より小学校3年生に変更になりました。一方、外国語活動（英語）は、新学習指導要領において、小学校5年生から小学校3年生に変更されました。つまり、ローマ字と英語の学習をほぼ同時期にスタートすることになります。ローマ字を構成している文字もアルファベットです。このことにより、両者を混同し、戸惑う子供が出てくることが予想されます。

たしかに、ローマ字を読む際にも英単語の発音と共通している部分もありますが、英単語の表記とは異なります。こうしたことが、子供たちの混乱を引き起こすのだろうと考えられます。ですから、「**ローマ字は、あくまでも日本語の50音をもとに表記しているものであり、日本語の仲間である**」とはじめに認識させることが必要です。

もっと大きな混乱をきたすのは、英単語や英文を書くなどの「綴り学習」が始まったときだと考えられますが、その前に、外国語学習初期の段階において、「**同じアルファベットという文字を使うが、英語とローマ字は違う**」ということをはじめにしっかりと伝えなければなりません。そのうえで、例えば、人名、社名、地名などの固有名詞などのように、日本語をそのまま英語で表記をする場合にはローマ字を用いることや、日常生活の場面では、いたるところにローマ字で表記されている看板や店名などがあることなど、それぞれの必要性にふれることも重要だと考えられます。

国語科におけるローマ字表記の指導では、「ローマ字のつづり方」（昭和29年内閣告示）を踏まえることになっており、日本語の音が子音と母音の組み合わせで成り立っていることを理解することと、例えば、パスポートにおける氏名の記載など、外国の人たちとコミュニケーションをとる際に用いられることが多い表記の仕方を理解することが重視されています。

外国語活動においては、人名や地名などを、できるだけ日本語の原音に近い音で英語を使用する人々に再現してもらうために、**訓令式**の「si」や「ti」ではなく、**ヘボン式**の「shi」や「chi」が使われていることを教えることも必要です。

このように、ローマ字は、日本語を英語に似せてラテン文字を用いて書くことができるように、また、英語らしく読むと日本語の発音をある程度再現できるよう考え出されたものであります。つまり、アルファベットを使っている外国人に日本語をわかりやすくしたものですが、「英語」とはまったく別物なのです。

2 ローマ字の必要性

日本人にとって、なぜローマ字が必要なのでしょうか。これまで述べてきたように、パスポートにおける氏名の記載、道路標識（案内標識）、駅名などには、「ヘボン式ローマ字」が使われるなど、日常の中でローマ字表記が添えられた案内板やパンフレットを見たりすることが増えています。漢字が読めなくても、ローマ字がわかれば、道路標識（案内標識）、駅名が読めるかもしれません。

また、小学校３年生から、総合的な学習の時間においてコンピューターを使った調べる学習などを行ったり、家庭にもコンピューターが普及するなど、子供たちがキーボードを用いる機会が増えています。みなさんもご存じのとおり、ほとんどの人が「**ローマ字入力**」をしています。つまり、ローマ字は子供の生活に身近なものになっているのです。

このようなことから、ローマ字を使った読み書きをより早い段階において指導することが求められているのです。

3 ローマ字と英語との混乱を防ぐ指導

Step1　ローマ字は日本語（ひらがな 50 音）と同じ仲間

- 日本語は、母音（a i u e o）と子音の組み合わせでできており、ローマ字はその基本にのっとってできていることを理解することが大切です。

Step2　ローマ字と英語との見極め

- ローマ字は、英文の中に「日本語」をそのまま書く際に用いられます。一番多いのは、人名、地名などの固有名詞であり、固有名詞を書く際には、必ず最初が大文字表記になります。
- 大文字で書き始められている単語があったら、「ローマ字」かも、と意識して読むとわかりやすいかもしれません。また、固有名詞ではない場合は、「*natto*」のようにイタリック体で表記されていることが多いので、これも見極めのポイントになります。

Step3　英単語の発音練習

- 英単語の発音練習では、耳から十分に発音を聞かせること、発音練習の時間を十分に確保し、自分の発音と、お手本の発音とを聴き比べさせるなど、「英語の音」に親しませること、また、「英語の音」と「日本語」との違いに気付かせることなどが必要です。
- 書かれている文字をすべて発音する日本語と違って、英語の発音では、母音＋子音＋母音と並んだ場合（例：make, cake など）は、前の母音はアルファベットの名前で読んで、後ろの母音は読まないというルールがあったり、母音＋母音と続くと（例：sea, meet など）、前の母音はアルファベットの名前で読んで、後ろの母音は読まないというルールがあったりして、書いてあっても発音しない音があることや、日本語より小さい「音の単位」や日本語とは違うリズムやイントネーションなどにも気付かせていくことが大切です。

Column ローマ字の歴史

ローマ字は、16 世紀の末に日本にやってきたイエズス会の宣教師たちによって使われたのが始まりです。布教のために日本語を勉強していた彼らの言語であったポルトガル語は、ラテン文字で書く言語でした。この、日本語をラテン文字で書いた文字が最初の「ローマ字」で「ポルトガル式ローマ字」と呼ばれています。しかし、このローマ字は日本人の間には広まりませんでした。

・1867（慶応 3）年、アメリカ人の宣教師ヘボンが作った和英・英和辞典「和英語林集成」で使われたローマ字が「ヘボン式ローマ字」です。「ヘボン式」は、日本語を英語に似せて書く方式で、日本語を全く知らない人でも、それを英語風に読めば、日本語の発音をある程度は再現できるように工夫してあります。

・1885（明治 18）年、天文学者の寺尾寿が考えた、日本語を日本語らしく書けるように設計されたローマ字「日本式ローマ字」を、物理学者の田中舘愛橘が「理学協会雑誌」で提案しました。

・1930（昭和 5）年、文部省は「臨時ローマ字調査会」を立ち上げ、1937（昭和 12）年に、内閣訓令第三号「国語ノローマ字綴方ニ関スル件」がまとまりました。これが「訓令式ローマ字」です。

・1945（昭和 20）年、戦争が終わると GHQ によって、地名などをラテン文字化するために「ヘボン式ローマ字」を使うよう指定されました。現在は、パスポート、道路標識（案内標識）、駅名標など、生活にかかわるローマ字は「ヘボン式」になっています。

4 簡単！ ローマ字と英語の違い

これまでの教育現場では、子供たちに「ローマ字と英語の違い」を明確に教えることがなかなかできなかったようです。そこで、両者の違いをわかりやすく明確に教える方法をQ＆A形式で示してみました。付録のCD-ROMにも収録されていますので、ご活用ください。

簡単(かんたん)！ローマ字(じ)と英語(えいご)の違(ちが)い

Q&A

Q

先生、
ローマ字って英語じゃないの？

A

ローマ字は、むずかしい漢字や、
読めない漢字につける
「フリガナ」みたいなものなのよ。

Q

「フリガナ」みたいなものって、
どういうことなの？

A

ローマ字はもともと、日本語を読めない
外国の人のために作られたものなの。
たとえば「英語」。
みなさんは、「えいご」って読めると思うけど、
外国の人は読めないよね。
だから英語（eigo）って読めるようにフリガナをつ
けたの。それがローマ字なの。

市ヶ谷
Ichigaya
池袋
Ikebukuro
渋谷
Shibuya
明治通り

日本橋
Nihonbashi
日比谷
Hibiya

16
横浜
Yokohama
町田
Machida
4
出口
EXIT

東京
とうきょう
新橋
上野
Shinbashi
Tōkyō
Ueno

標識とか看板が、
ローマ字で書かれていれば、
漢字やひらがながわからない
外国の人でも、読めるもんね。

この表を見て！
ローマ字が、日本語の50音をあらわしているのがわかるでしょう？

	a ア	i イ	u ウ	e エ	o オ			
k	ka カ	ki キ	ku ク	ke ケ	ko コ	kya キャ	kyu キュ	kyo キョ
s	sa サ	si shi シ	su ス	se セ	so ソ	sya sha シャ	syu shu シュ	syo sho ショ
t	ta タ	ti chi チ	tu tsu ツ	te テ	to ト	tya cha チャ	tyu chu チュ	tyo cho チョ
n	na ナ	ni ニ	nu ヌ	ne ネ	no ノ	nya ニャ	nyu ニュ	nyo ニョ
h	ha ハ	hi ヒ	hu fu フ	he ヘ	ho ホ	hya ヒャ	hyu ヒュ	hyo ヒョ
m	ma マ	mi ミ	mu ム	me メ	mo モ	mya ミャ	myu ミュ	myo ミョ
y	ya ヤ	―	yu ユ	―	yo ヨ			
r	ra ラ	ri リ	ru ル	re レ	ro ロ	rya リャ	ryu リュ	ryo リョ
w	wa ワ	―	―	―	―			
n	n ン							
g	ga ガ	gi ギ	gu グ	ge ゲ	go ゴ	gya ギャ	gyu ギュ	gyo ギョ
z	za ザ	zi ji ジ	zu ズ	ze ゼ	zo ゾ	zya ja ジャ	zyu ju ジュ	zyo jo ジョ
d	da ダ	di ji ヂ	du zu ヅ	de デ	do ド			
b	ba バ	bi ビ	bu ブ	be ベ	bo ボ	bya ビャ	byu ビュ	byo ビョ
p	pa パ	pi ピ	pu プ	pe ペ	po ポ	pya ピャ	pyu ピュ	pyo ピョ

＊黒字は訓令式、青字はヘボン式

パスポート

みなさんが、自分の名前や、
住んでいるところなどを
英語で書くときには、ローマ字を使うのよ。
パスポートの名前などにも
ローマ字が使われるのよ。

じゃあ、日本語をあらわすときには、
ひらがな、カタカナ、漢字
だけじゃなくて、
ローマ字も使うことがあるって
ことなんだあ！

ヨミガナ	サ	タ	ケ					エ	リ				
氏　名	佐	竹						絵	理				
ローマ字（ヘボン式）	S	A	T	A	K	E		E	R	I			

名前をローマ字であらわす

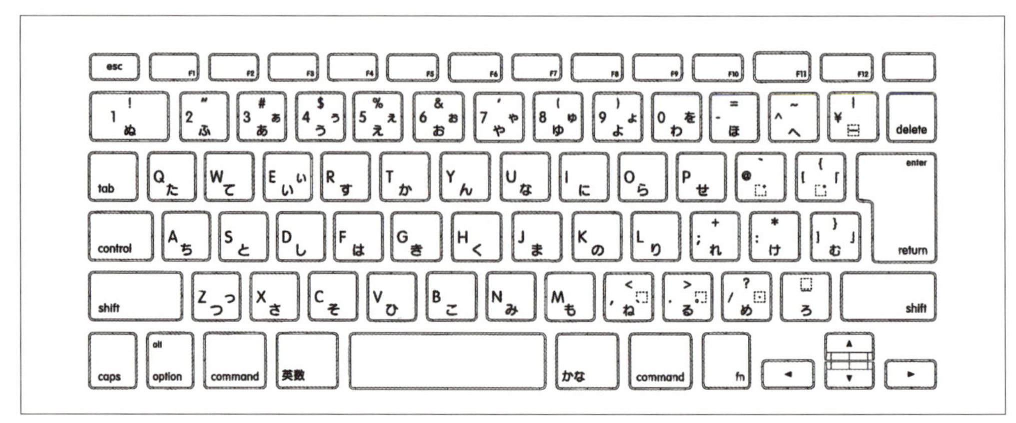

上の図を見て！
これはパソコンのキーボードなんだけど、ローマ字を使って文字を打つ人が多いのよ。

Q

キーボードにはひらがなもあるけど、ローマ字で打つ人が多いのはどうしてなの？

A

ローマ字だと、ひらがなより使うキーが少なくて済むから、早く打てるのよ。
練習すれば、キーボードを見なくても打てるようになると思うわ！

	訓令式		ヘボン式
「し」	si	⇔	shi
「ち」	ti	⇔	chi
「つ」	tu	⇔	tsu
「しゃ」	sya	⇔	sha

Car　くるま (ku ru ma)

A

さっき見たように、
国語の教科書にはヘボン式と
「日本式ローマ字」の訓令式がのっているけど、
パスポートの名前や、道路標識、駅の名前などを
あらわすときには「ヘボン式ローマ字」が使われてるの。
アメリカ人のヘボンさんが作ったローマ字だから
「ヘボン式ローマ字」って呼ばれてるのよ。
日本語がわからなくても、英語らしく読むと、
ある程度日本語に近い発音で日本語を
読むことができるの。

America　アメリカ (a me ri ka)

アメリカの人が作ったから、
ローマ字の音って、なんとなく
英語の音ににているように感じる
ことがあるのね！

そうね。
でも、英語とローマ字は全然違うもの
だから、どんな違いがあるか、よく
考えながら勉強していかなきゃね。

ありがとうございました。
ローマ字は、英語じゃないってことが、
とてもよくわかりました。
ローマ字は、日本語の仲間なんですね。

ほかのみんなも
ローマ字と英語が
ちがうことが、
わかるといいよね！

第2部 実践編

アルファベットの習得に向けたアプローチ手法

一口に「アルファベットの習得・定着」といっても、子供たちは実に様々なことをクリアしていくことを要求されます。発達にアンバランスがあったり、認知に偏りがあったりする子供にとっては、より一層ハードルが高くなり、つまずきが予想されます。

そこで、これまでとは違う特別なアプローチが必要になります。様々な認知特性を考慮して、いろいろな角度からアルファベットの習得に向けたアプローチ手法を考えてみました。

このアプローチ手法の具体例は、後頁にある「ワークシート」（大文字A～Z・小文字a～z）での練習です。「ワークシート」は、付録CD-ROMに収録されていますので、必要に応じて印刷してご活用ください。

◆形をとらえるためには・・・

子供が自分で「気付く」ような3パターンを繰り返して覚えていくことが重要です。

① アルファベットを構成している「線」「曲線」「・」等のパーツ（部品）に気付くことができる。

⇒ワークシート　■アルファベット大文字（A～Z）をおぼえよう①

※小文字（a～zも同様）

A を組み立てるための部品を3つえらんで ○ でかこもう！

②パーツ（部品）から組み立てられるアルファベットを想起することができる。

⇒ワークシート　■アルファベット大文字（A～Z）をおぼえよう②

※小文字（a～zも同様）

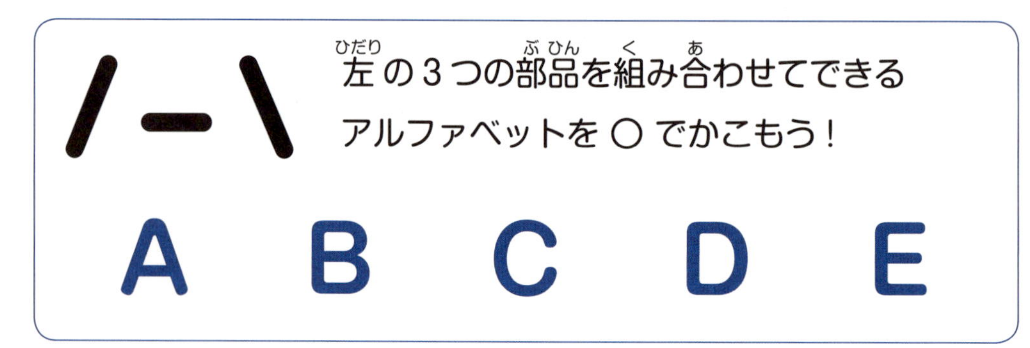

③イラストに隠れているアルファベットを見つけて、なぞることができる。

⇒ ワークシート　■アルファベット大文字（A～Z）をおぼえよう③

※小文字（a～z も同様）

◆書けるようになるためには・・・

①文字のバランスに気付くことができる。

⇒ ワークシート　■アルファベット大文字（A～Z）をおぼえよう④

※小文字（a～z も同様）

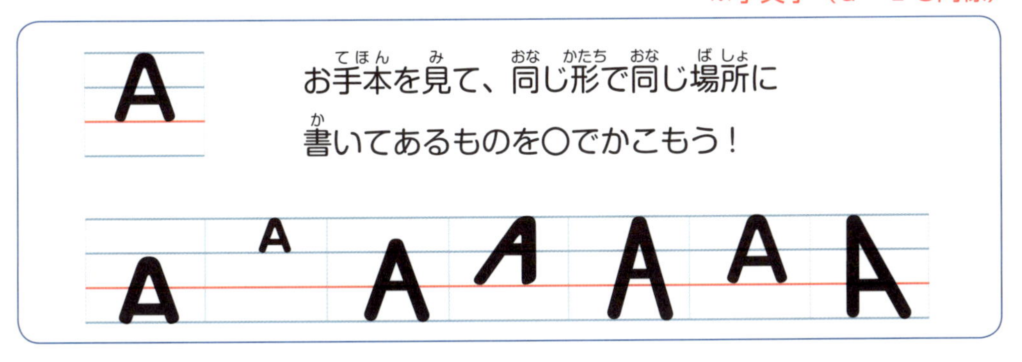

②四線のどの位置に書くのかがわかる。

③アルファベットを構成する「線」「曲線」「・」を書くことができる。

⇒ ワークシート　■アルファベット大文字（A～Z）をおぼえよう⑤

※小文字（a～z も同様）

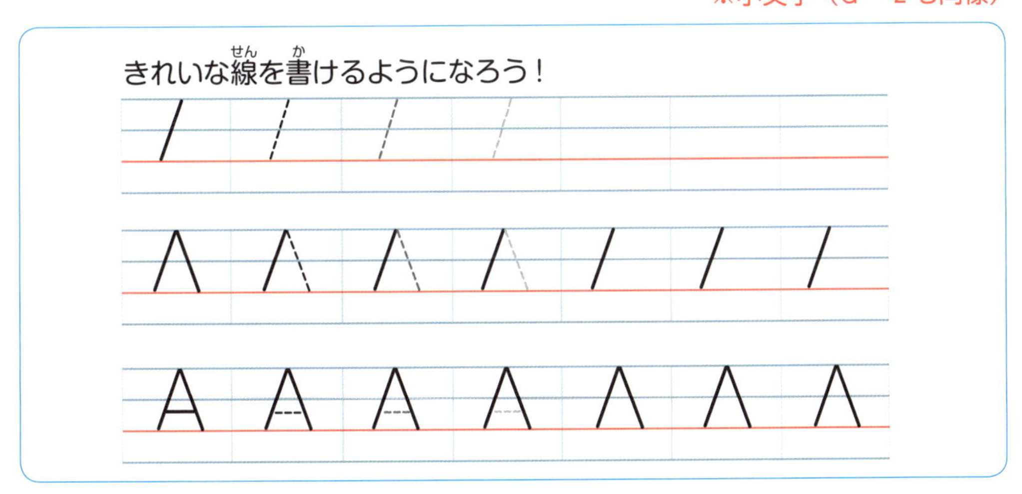

アルファベットには、ひらがな、カタカナ、漢字、数字などでは用いないパーツ（部品）があります。これまでの学習の中で、ひらがなや漢字学習がスムーズにいかなかった子供の中には、運筆練習が必要な子供も少なくないと思われます。そうした子供のために、アルファベットを構成しているパーツ（部品）ごとに、「まっすぐな線」「なめらかな曲線」「適切な大きさの“・”」などが書けるよう、運筆練習の時間や、なぞり書きの練習などの時間を十分に確保する必要があります。

④「線」「曲線」「・」のパーツ（部品）を組み合わせて、アルファベットの文字を筆順にそって語呂合わせしながら書くことができる。

⇒ ワークシート　■アルファベット大文字（A～Z）をおぼえよう⑥

※小文字（a～z も同様）

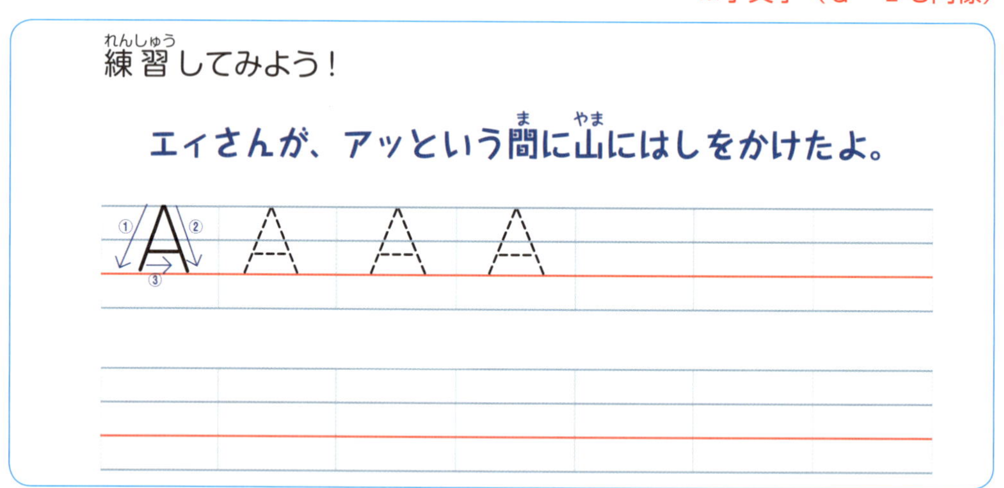

アルファベット読みとフォニックス的な要素、また書き順や形を盛り込んだ語呂合わせなどを活用して、意識化して定着を図ることも有効です。自分なりに意味付けや覚え方を工夫することで、形を認識しやすくなります。

◆日常生活との関連付けもポイント

私たちの生活の中では、社名、商品名、看板など、いたるところでローマ字表記されたものが目に入ります。また、「IN」や「OUT」、「OPEN」や「CLOSE」などの英語を目にすることも多々あります。ただ単に、アルファベットを覚えるだけではなく、日常生活の中でどのように使われているのかに目を向けさせる機会をぜひもたせたいものです。

単純な暗記作業だけでは、子供たちの「学びたい気持ち」にはつながりません。学びの中心にいる子供たち自身が自ら課題を見つけたり、自分で考えたり、試行錯誤する中で気付いたりすることで、知識を獲得し技能を身に付けていくことができるのです。ゴールは同じでも、そこにたどり着くまでの過程は、一人一人違ってもいいのですから、様々な方法を提示することで、身近な生活場面にも「学び」が隠れていることに気付いたり、子供たちが自分たちなりの「覚え方」や「学び方」を見つけたりすることにつなげてほしいです。

また、「書く」活動については、高学年の「外国語活動」から導入されますが、発達にアンバランスがあったり、認知に偏りがあったりする子供たちは、定型発達の子供たちに比べて、習得に時間を要することがあります。文字の形を認識するのにも、書き順などの「順を追った覚え方」の方が向いている子供と、文字の「形全体を捉える覚え方」が向いている子供がいます。特に、学習障害（LD）など発達障害を抱えている子供たちは、この「認知」に偏りが大きい場合が多く見られます。「書く練習はまだ早い」ではなく、発達にアンバランスがある子供たちだからこそ、「聞く」「読む」「書く」など、多方面からのアプローチが必要なのです。

＊本書では四線を等間隔としていますが、「新学習指導要領対応小学校外国語活動教材　We Can！」では、二線と三線の間隔が少し広くなっています。

CD-ROM
収録

アルファベットと英単語(えいたんご)をおぼえよう!

ワークシート

- アルファベット大文字(おおもじ)(A～Z)をおぼえよう
- アルファベット小文字(こもじ)(a～z)をおぼえよう
- ちがいがわかるかな?
- まちがえやすいアルファベットをおぼえよう
- 正(ただ)しいのはどっち?
- 一(ひと)つの文字(もじ)からへんしん!!
- 身近(みぢか)にある英単語(えいたんご)
- ちょっぴり先取(さきど)り英単語(えいたんご)
- なぞときアルファベット
- じょうずに言(い)うと英語(えいご)に聞(き)こえるよ
- ゴロ合(あ)わせでおぼえよう

※ワークシート(PDF)はCD-ROMに収録されています。印刷してご活用ください。

アルファベット大文字(おおもじ) A をおぼえよう

A を組(く)み立(た)てるための部品(ぶひん)を 3 つえらんで ○ でかこもう！

/ | • − C \

/ − \ 左(ひだり)の 3 つの部品(ぶひん)を組(く)み合(あ)わせてできるアルファベットを ○ でかこもう！

A　B　C　D　E

A を見(み)つけて、なぞってみよう！

A

お手本を見て、同じ形で同じ場所に書いてあるものを○でかこもう！

A A A A A A A

きれいな線を書けるようになろう！

練習してみよう！

エィさんが、アッという間に山にはしをかけたよ。

①
②
③
A

アルファベット大文字（おおもじ） B をおぼえよう

B を組（く）み立（た）てるための部品（ぶひん）を 3 つえらんで ○ でかこもう！

左（ひだり）の 3 つの部品（ぶひん）を組（く）み合（あ）わせてできるアルファベットを ○ でかこもう！

A　B　C　D　E

B を見（み）つけて、なぞってみよう！

B

お手本を見て、同じ形で同じ場所に
書いてあるものを○でかこもう！

B B B B B B B

きれいな線とカーブを書けるようになろう！

練習してみよう！

ビーさんが、ブブッと言って1と3をくっつけたよ。

B ① ② ③

アルファベット大文字 C をおぼえよう

C の部品は１つだけ！えらんで ○ でかこもう！

/ ー • C O ⊏

C

左の部品でできている
アルファベットを ○ でかこもう！

B C D E F

C を見つけて、なぞってみよう！

C

お手本を見て、同じ形で同じ場所に書いてあるものを○でかこもう！

c

きれいなカーブを書けるようになろう！ｃはこの曲線が大事！

c c c c

c c c c

練習してみよう！

シーさんが、ククッとせなかをまるめたよ。

① c c c c

アルファベット大文字 D をおぼえよう

D を組み立てるための部品を２つえらんで ○ でかこもう！

ー　○　・　I　C　コ

I　コ

左の２つの部品を組み合わせてできるアルファベットを ○ でかこもう！

C　D　E　F　G

D を見つけて、なぞってみよう！

D

お手本を見て、同じ形で同じ場所に書いてあるものを○でかこもう！

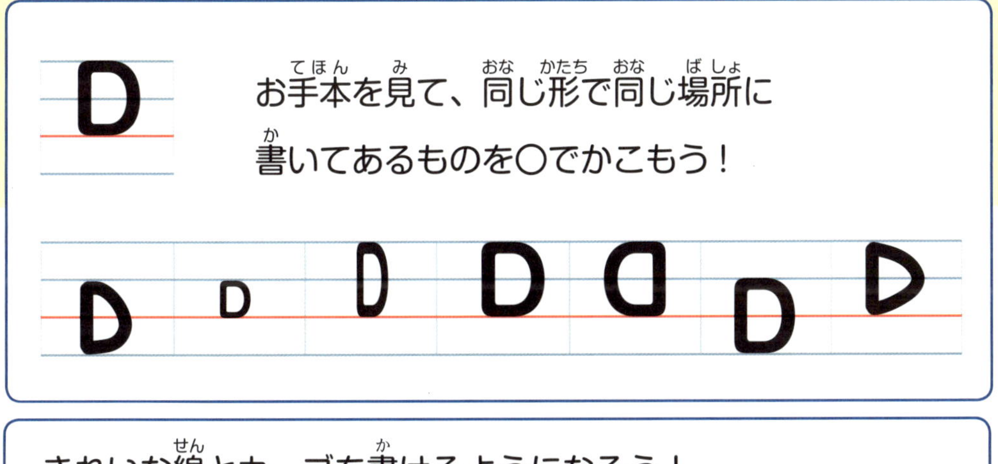

きれいな線とカーブを書けるようになろう！

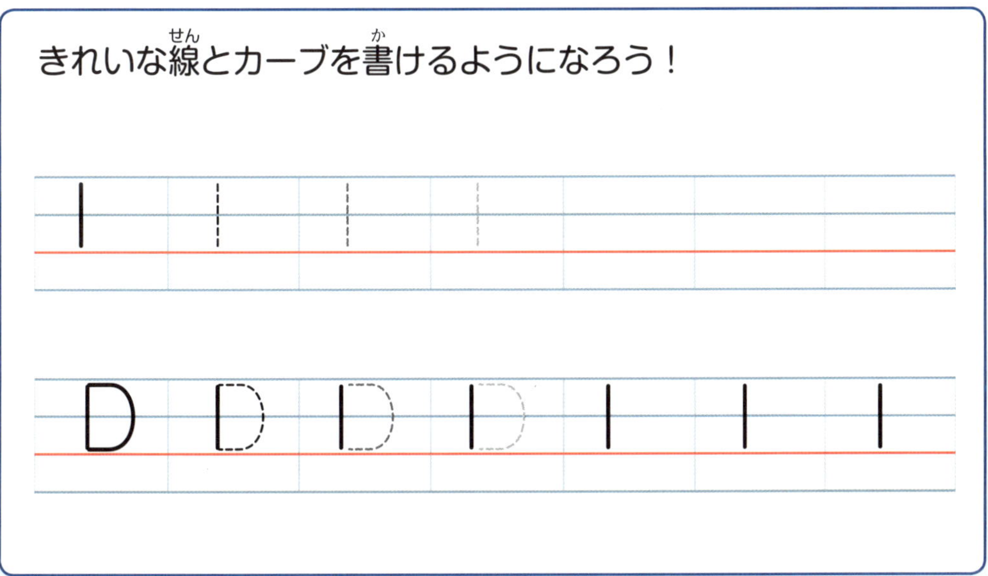

練習してみよう！

ディーさんが、ドーンとわりばしのかたほうを曲げたよ。

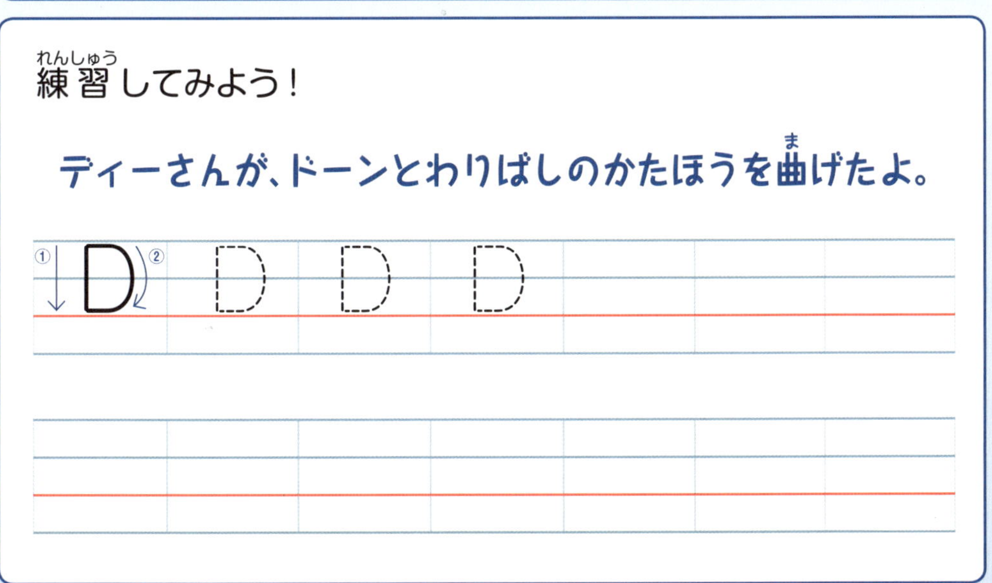

アルファベット大文字 E をおぼえよう

E を組み立てるための部品を 4 つえらんで ○ でかこもう！

‐　•　C　￣　|　＿

左の 4 つの部品を組み合わせてできるアルファベットを ○ でかこもう！

A　B　D　E　F

E を見つけて、なぞってみよう！

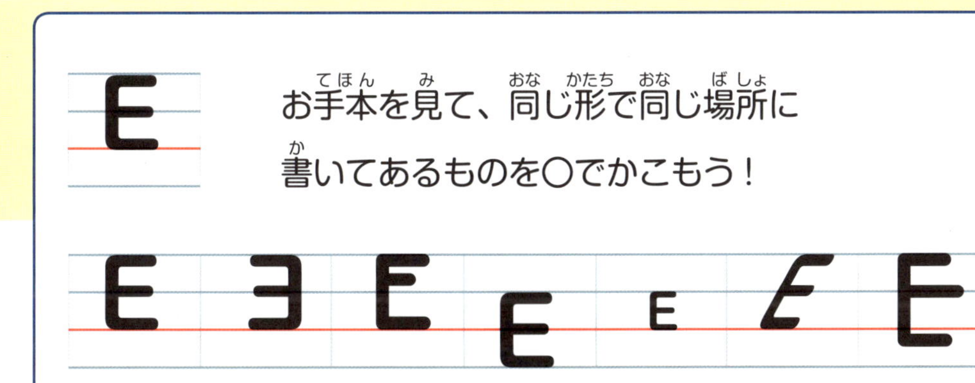

お手本を見て、同じ形で同じ場所に書いてあるものを○でかこもう！

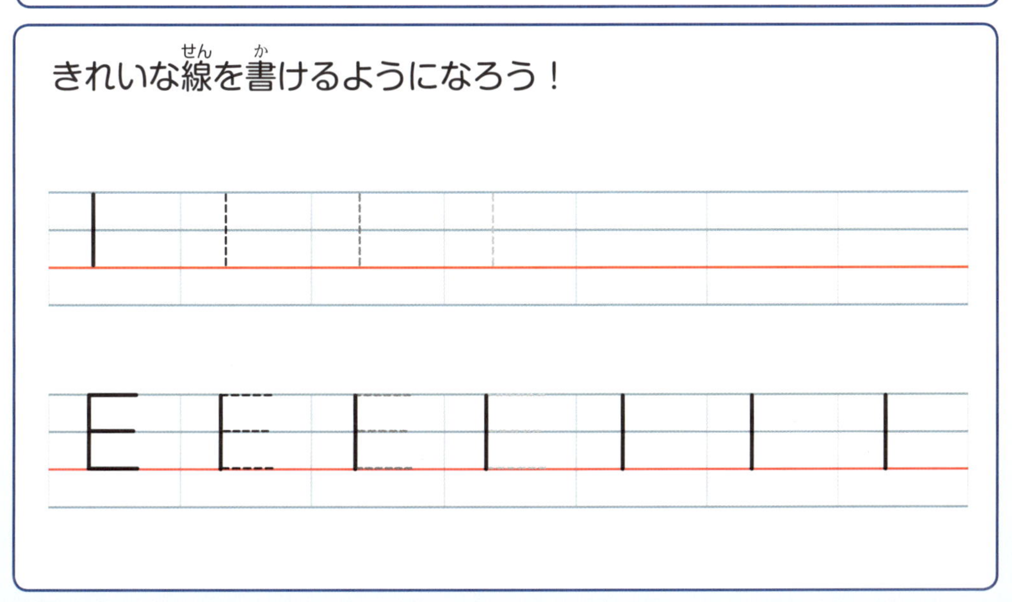

きれいな線を書けるようになろう！

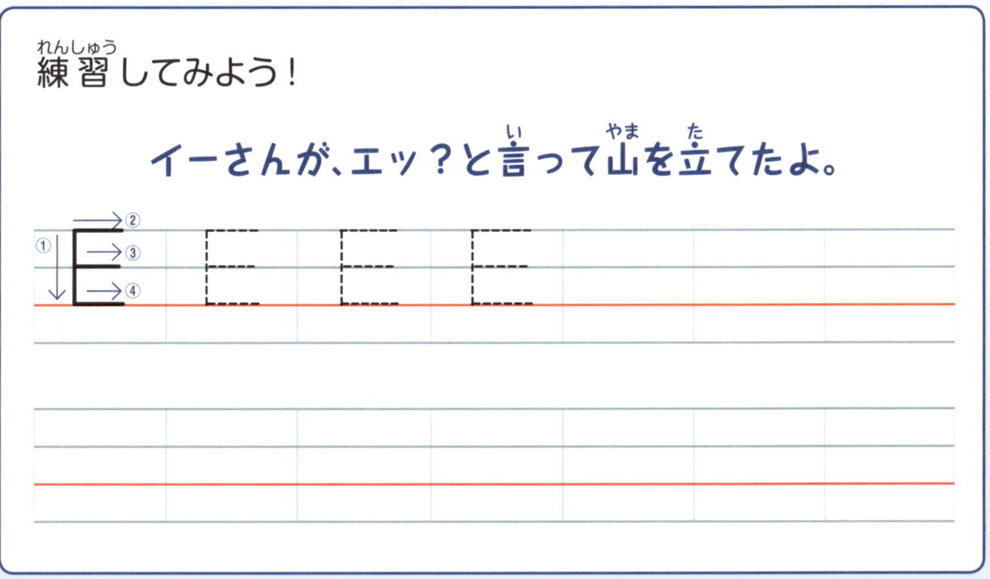

練習してみよう！

イーさんが、エッ？と言って山を立てたよ。

アルファベット大文字 F をおぼえよう

F を組み立てるための部品を 3 つえらんで ○ でかこもう！

・ l c ￣ O －

左の 3 つの部品を組み合わせてできるアルファベットを ○ でかこもう！

B　D　E　F　G

F を見つけて、なぞってみよう！

山形
50 km

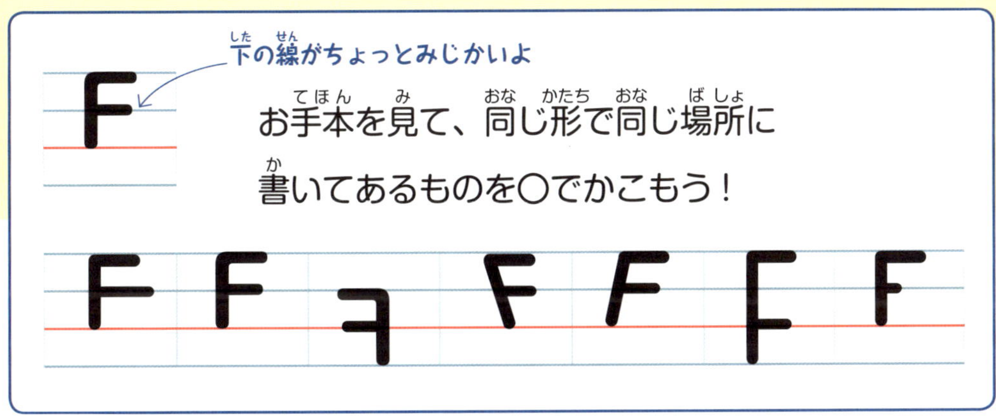
下の線がちょっとみじかいよ
お手本を見て、同じ形で同じ場所に
書いてあるものを○でかこもう！

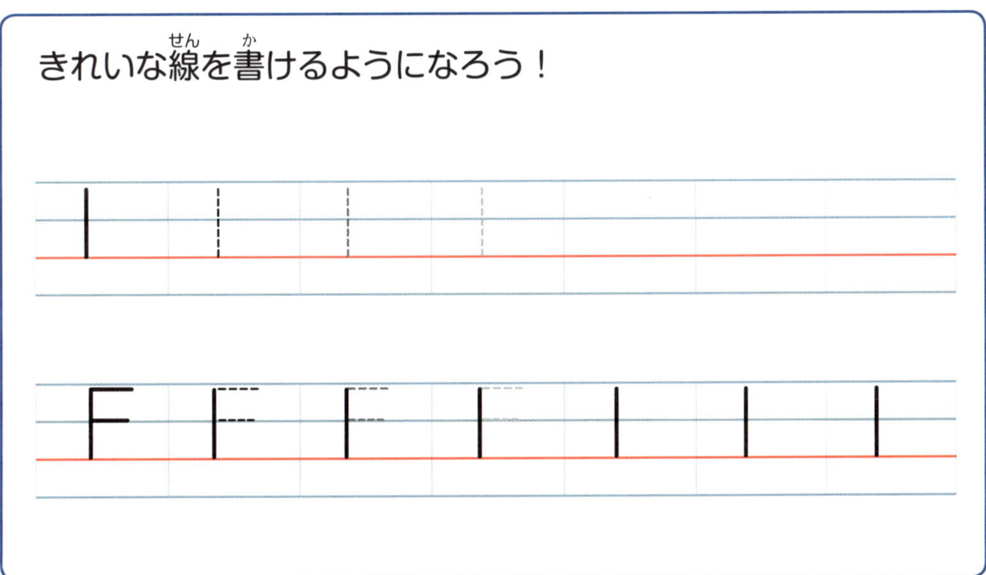
きれいな線を書けるようになろう！

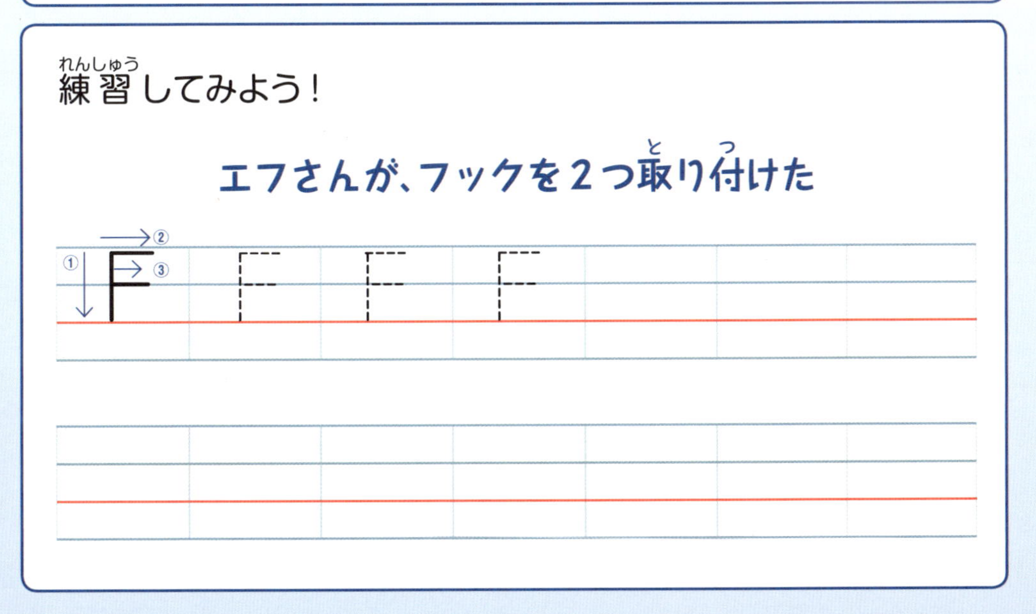
練習してみよう！
エフさんが、フックを２つ取り付けた

アルファベット大文字 G をおぼえよう

G を組み立てるための部品を 2 つえらんで ○ でかこもう！

| C ‾ • ┐ Ɔ

C ┐ 左の 2 つの部品を組み合わせてできるアルファベットを ○ でかこもう！

C D E G H

G を見つけて、なぞってみよう！

G

お手本を見て、同じ形で同じ場所に書いてあるものを○でかこもう！

G G G G G G G

きれいな線を書けるようになろう！

C C C C

G G G G C C C

練習してみよう！

ジーさんが、グッと近づいてのどを見てもらったよ。

① G ② G G G

アルファベット大文字 H をおぼえよう

H を組み立てるための部品を 3 つえらんで ○ でかこもう！

左の 3 つの部品を組み合わせてできるアルファベットを ○ でかこもう！

D E H F G

H を見つけて、なぞってみよう！

お手本を見て、同じ形で同じ場所に
書いてあるものを○でかこもう！

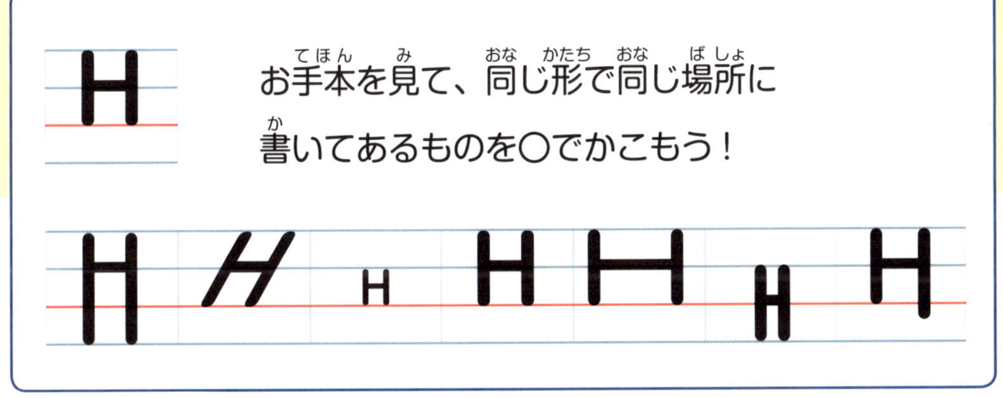

きれいな線を書けるようになろう！

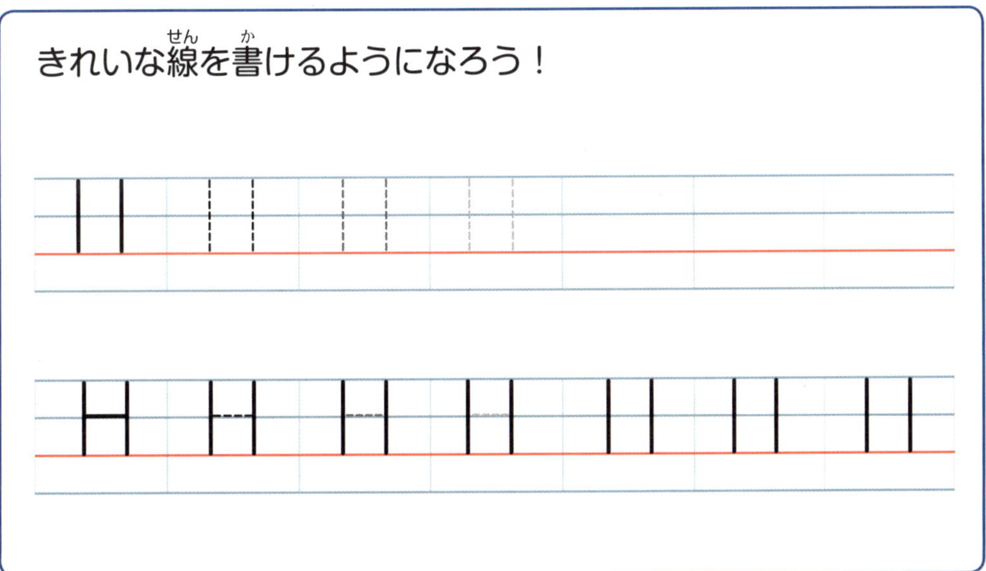

練習してみよう！

エイチさんが、ホッとして"エ"をたてにした。

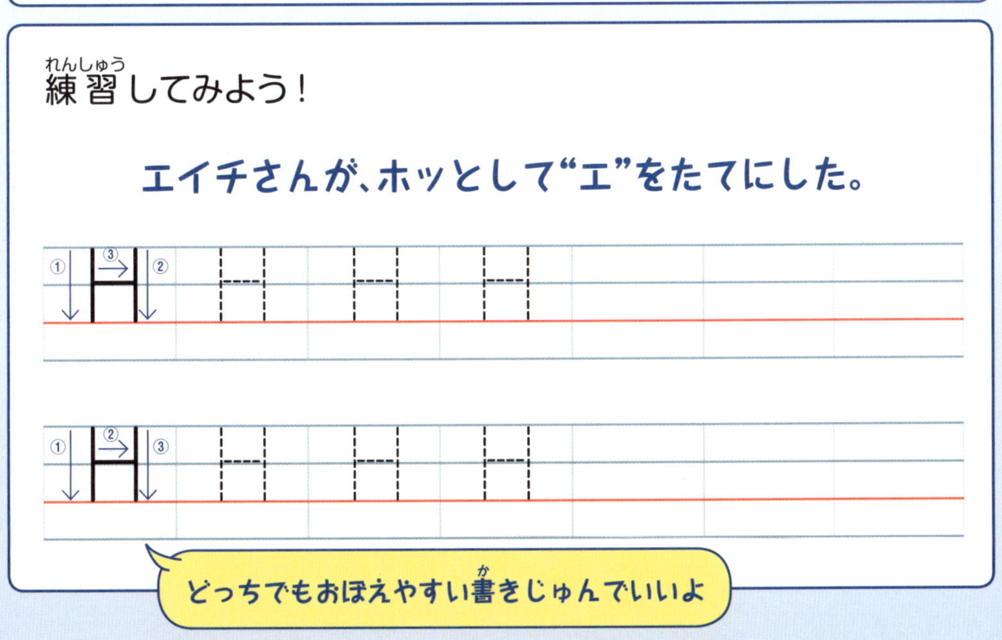

どっちでもおぼえやすい書きじゅんでいいよ

アルファベット大文字（おおもじ） I をおぼえよう

I を組（く）み立（た）てるための部品（ぶひん）を３つえらんで ○ でかこもう！

左（ひだり）の３つの部品（ぶひん）を組（く）み合（あ）わせてできるアルファベットを ○ でかこもう！

E　I　J　G　K

I を見（み）つけて、なぞってみよう！

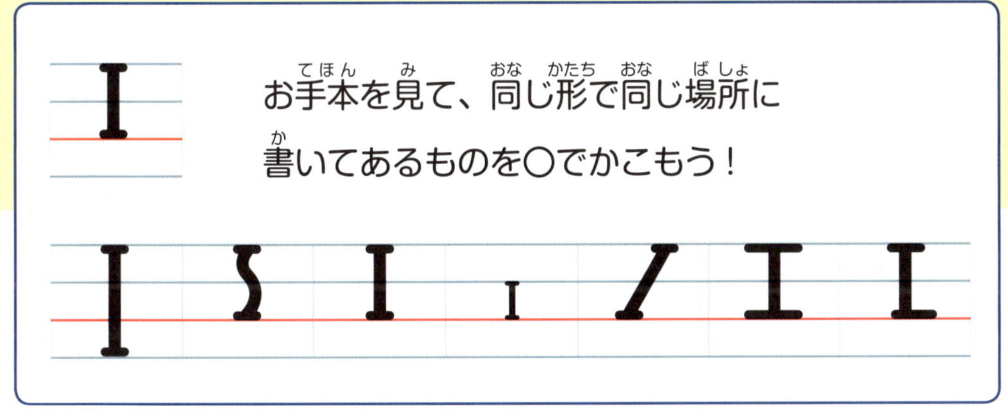

お手本を見て、同じ形で同じ場所に
書いてあるものを○でかこもう！

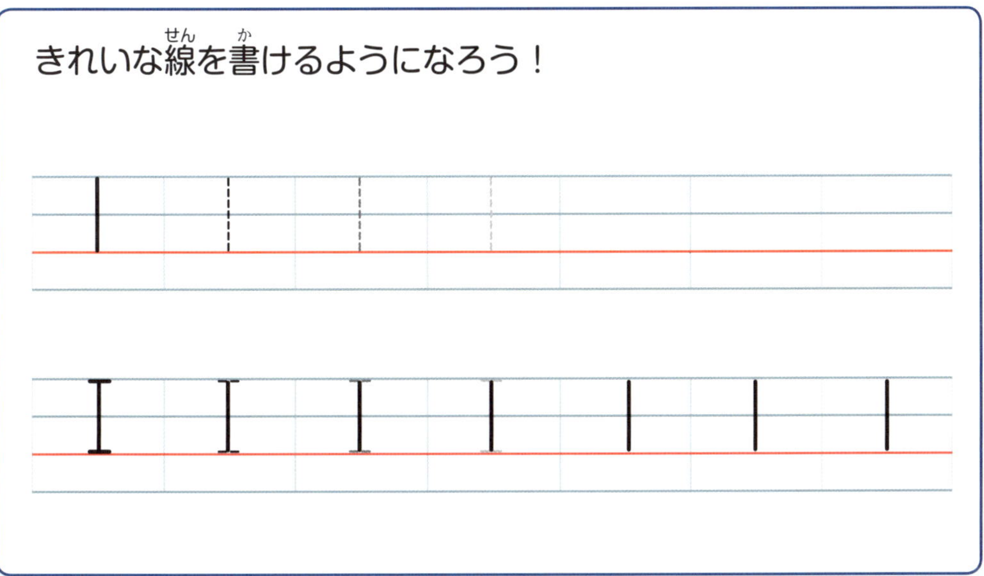

きれいな線を書けるようになろう！

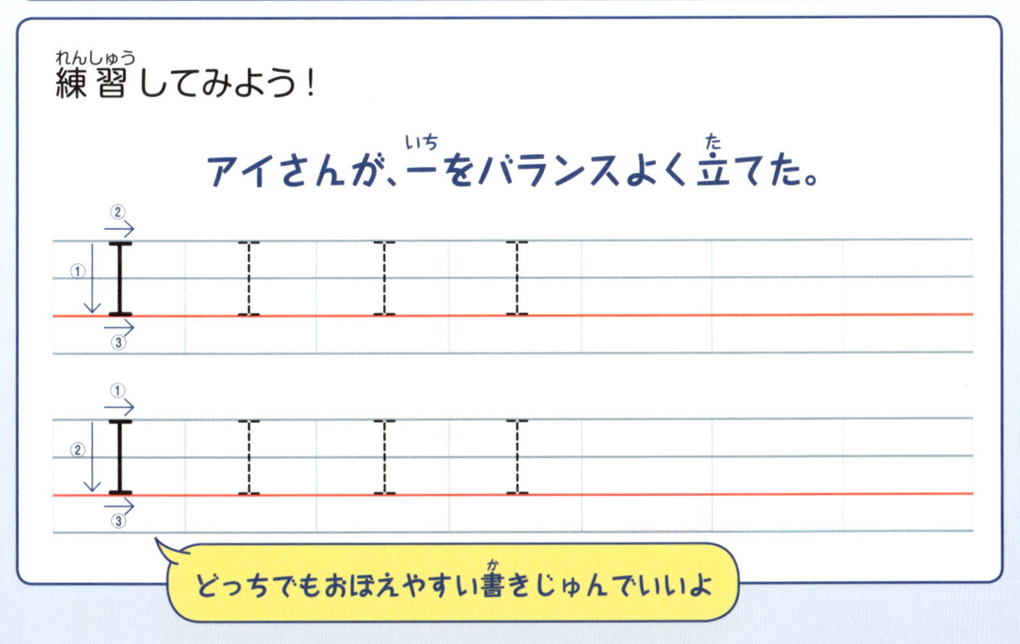

練習してみよう！
アイさんが、一をバランスよく立てた。
どっちでもおぼえやすい書きじゅんでいいよ

アルファベット大文字（おおもじ） J をおぼえよう

J の部品（ぶひん）は1つだけ！えらんで ○ でかこもう！

| / • J Ɔ −

J 左（ひだり）の部品（ぶひん）でできる
アルファベットを ○ でかこもう！

C G J K I

J を見（み）つけて、なぞってみよう！

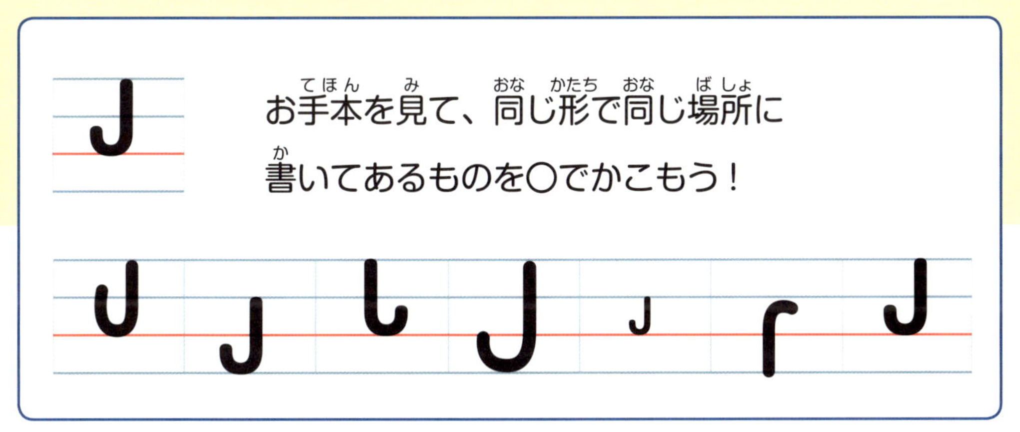
お手本を見て、同じ形で同じ場所に
書いてあるものを○でかこもう！

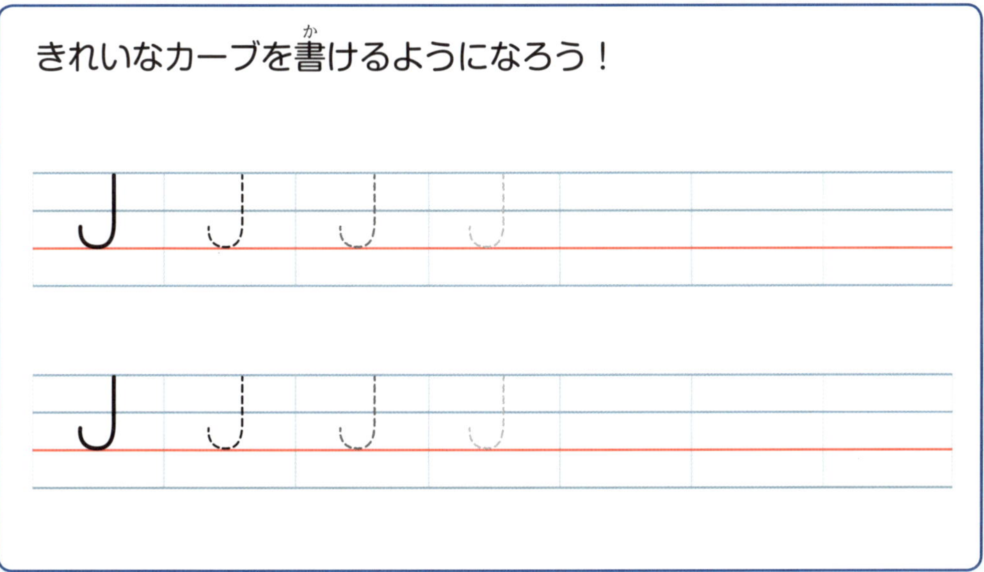
きれいなカーブを書けるようになろう！

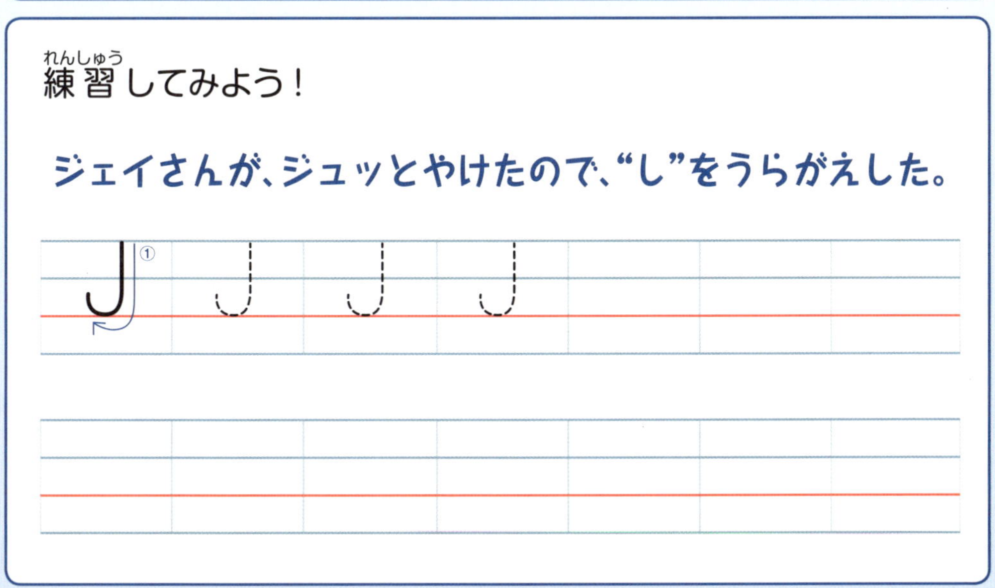
練習してみよう！
ジェイさんが、ジュッとやけたので、“し”をうらがえした。
①

アルファベット大文字 K をおぼえよう

K を組み立てるための部品を 3 つえらんで ○ でかこもう！

／　｜　─　・　＼　C

左の 3 つの部品を組み合わせてできるアルファベットを ○ でかこもう！

A　I　H　K　L

K を見つけて、なぞってみよう！

お手本(てほん)を見(み)て、同(おな)じ形(かたち)で同(おな)じ場所(ばしょ)に書(か)いてあるものを○でかこもう！

K K K K K K K

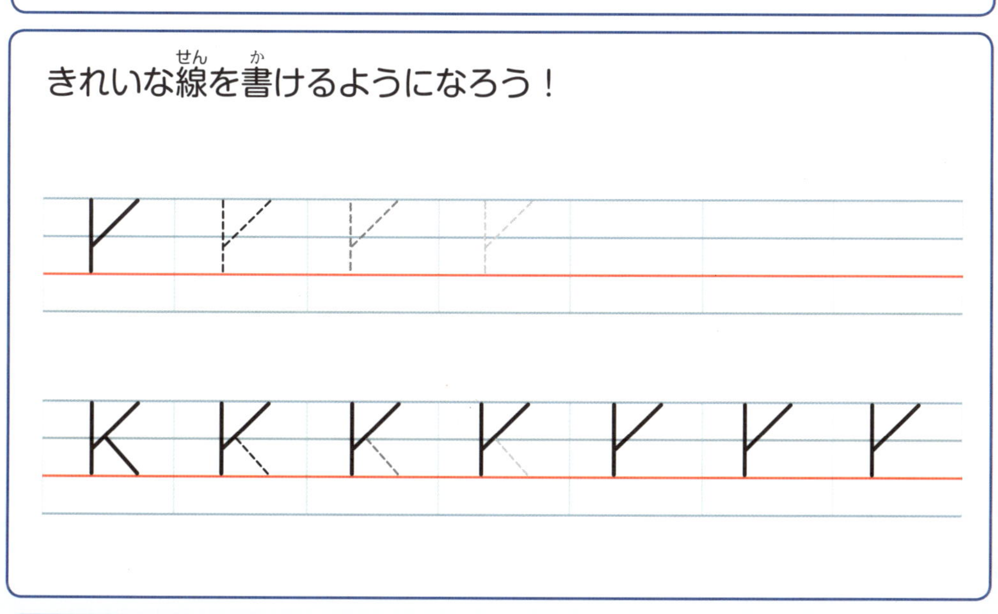

きれいな線(せん)を書(か)けるようになろう！

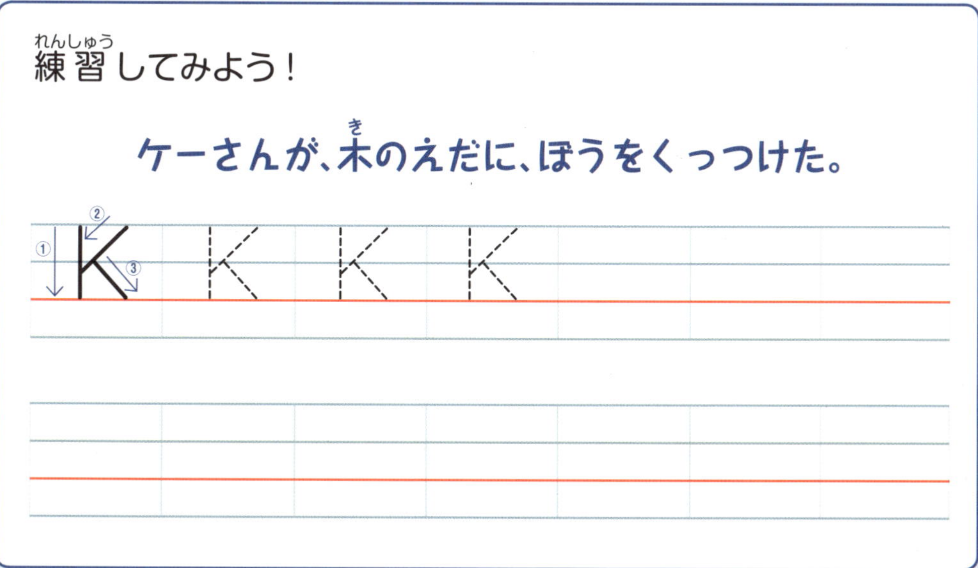

練習(れんしゅう)してみよう！

ケーさんが、木(き)のえだに、ぼうをくっつけた。

アルファベット大文字（おおもじ）L をおぼえよう

L の部品（ぶひん）は１つだけ！えらんで ○ でかこもう！

/ ― L \ ・ C

L 左（ひだり）の部品（ぶひん）でできる
アルファベットを ○ でかこもう！

C L J I M

L を見（み）つけて、なぞってみよう！

12 9 3 6

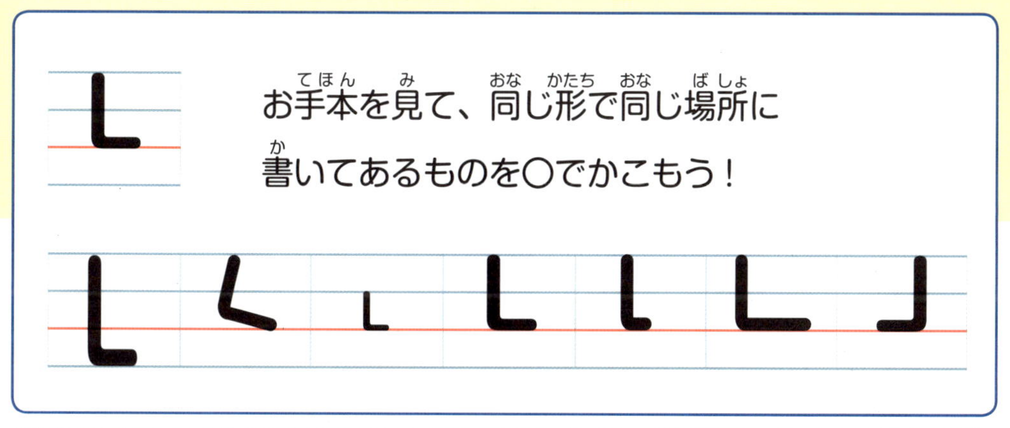

お手本を見て、同じ形で同じ場所に
書いてあるものを○でかこもう！

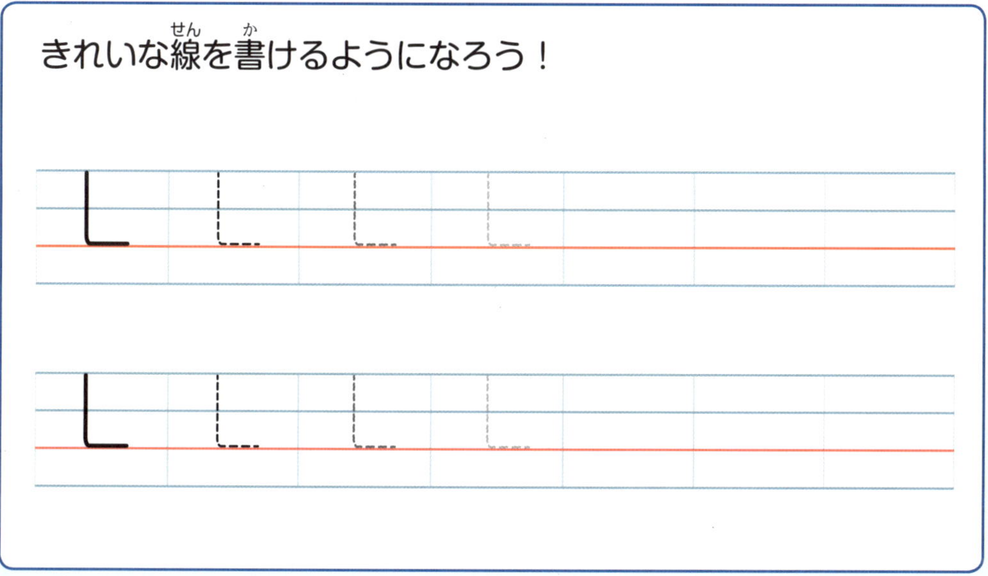

きれいな線を書けるようになろう！

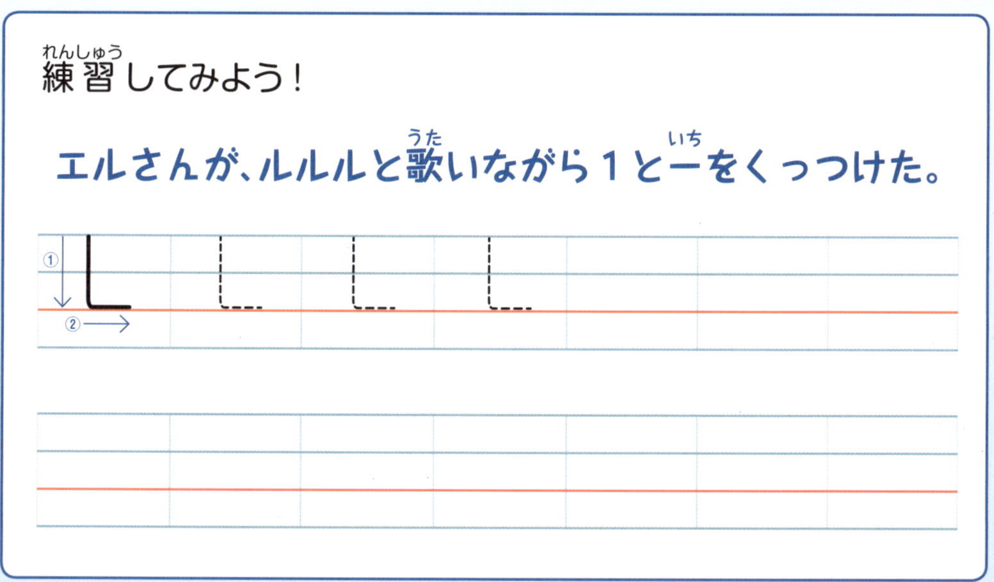

練習してみよう！

エルさんが、ルルルと歌いながら１と一をくっつけた。

アルファベット大文字 M をおぼえよう

M を組み立てるための部品を４つえらんで ○ でかこもう！

左の４つの部品を組み合わせてできるアルファベットを ○ でかこもう！

M　A　E　H　N

M を見つけて、なぞってみよう！

お手本を見て、同じ形で同じ場所に書いてあるものを〇でかこもう！

きれいな線を書けるようになろう！

練習してみよう！

エムさんが、ムッとしながら11の間でブイサイン。

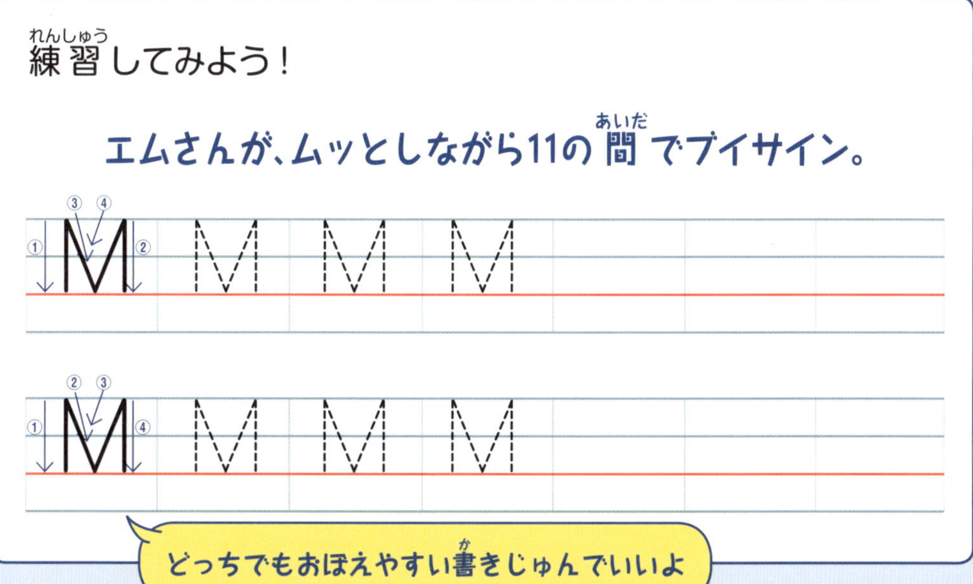

どっちでもおぼえやすい書きじゅんでいいよ

アルファベット大文字 N をおぼえよう

N を組み立てるための部品を 3 つえらんで ○ でかこもう！

C I L ‾ \ |

\ | | 左の 3 つの部品を組み合わせてできるアルファベットを ○ でかこもう！

M L N U X

N を見つけて、なぞってみよう！

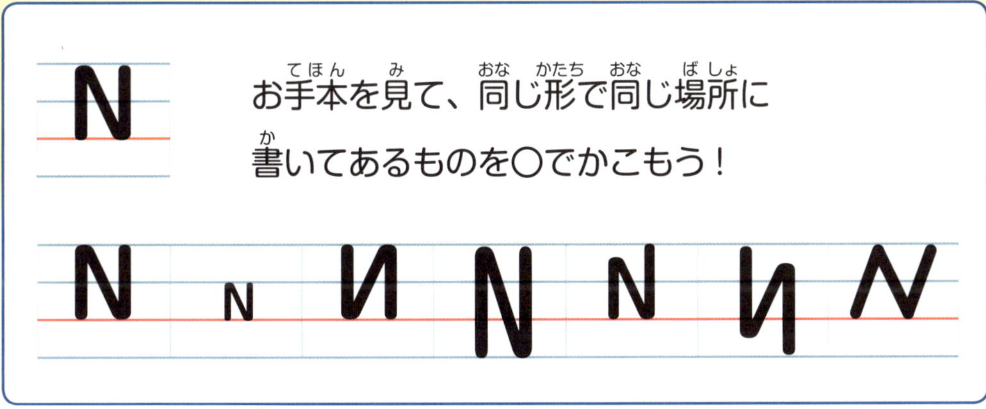
N
お手本を見て、同じ形で同じ場所に
書いてあるものを○でかこもう！

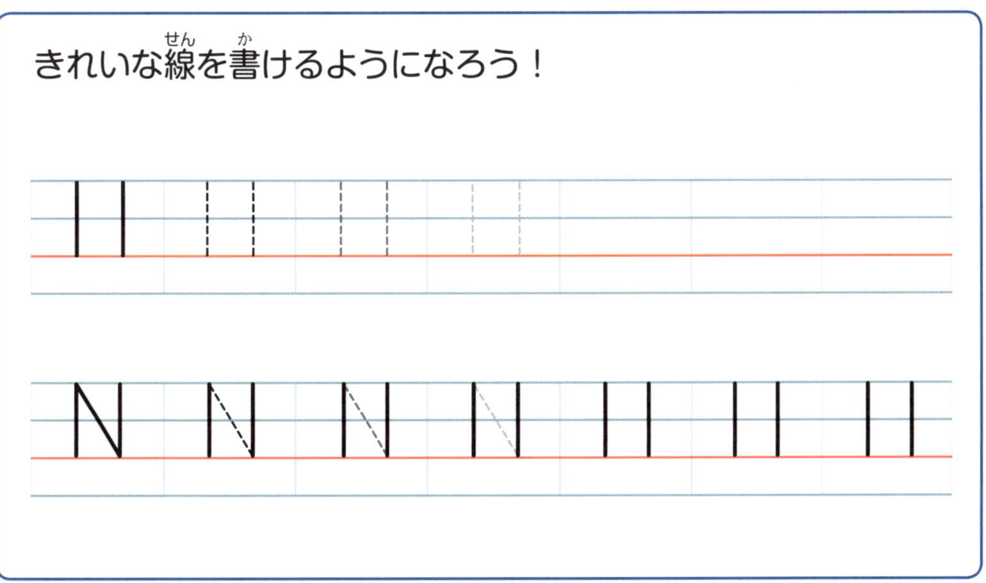
きれいな線を書けるようになろう！

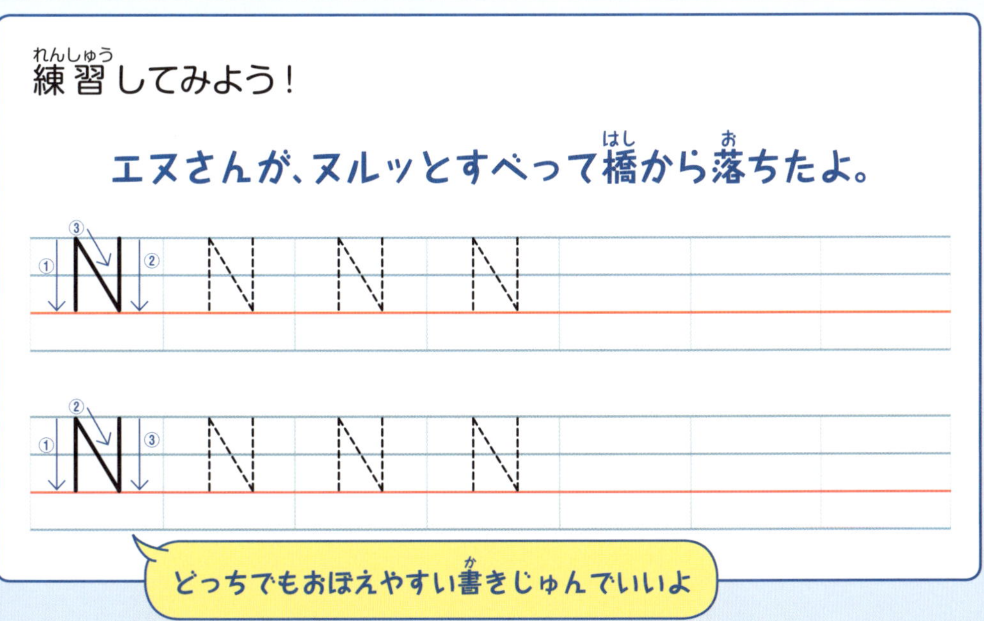
練習してみよう！
エヌさんが、ヌルッとすべって橋から落ちたよ。
どっちでもおぼえやすい書きじゅんでいいよ

アルファベット大文字(おおもじ) O をおぼえよう

O の部品(ぶひん)は1つだけ！えらんで ○ でかこもう！

・ C O Ɔ I /

O 左(ひだり)の部品(ぶひん)でできる
アルファベットを ○ でかこもう！

D　C　O　G　P

O を見(み)つけて、なぞってみよう！

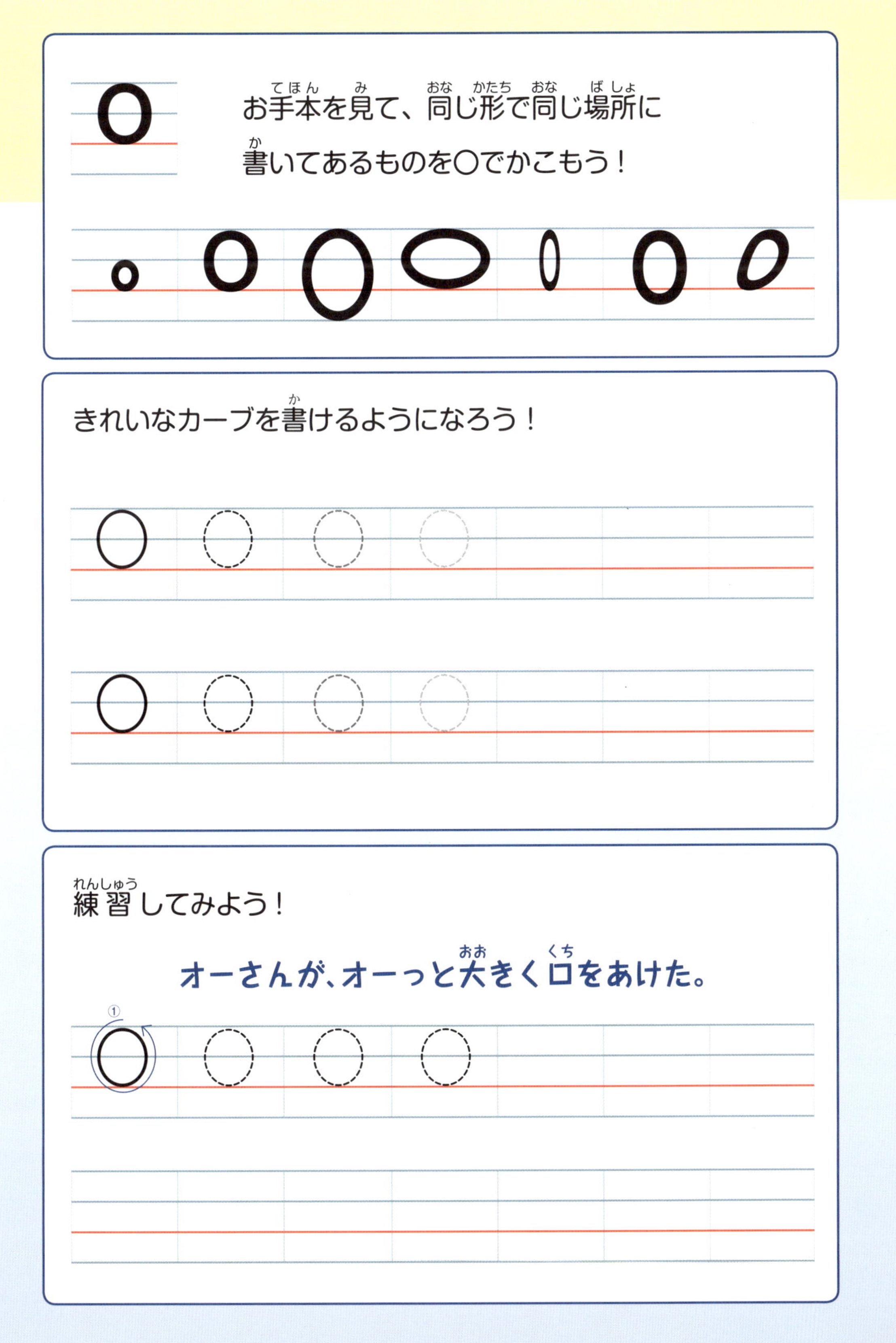
O
お手本を見て、同じ形で同じ場所に
書いてあるものを○でかこもう！
きれいなカーブを書けるようになろう！
練習してみよう！
オーさんが、オーっと大きく口をあけた。
①

アルファベット大文字 P をおぼえよう

P を組み立てるための部品を 2 つえらんで ○ でかこもう！

左の 2 つの部品を組み合わせてできるアルファベットを ○ でかこもう！

Q D P B R

P を見つけて、なぞってみよう！

お手本を見て、同じ形で同じ場所に書いてあるものを〇でかこもう！

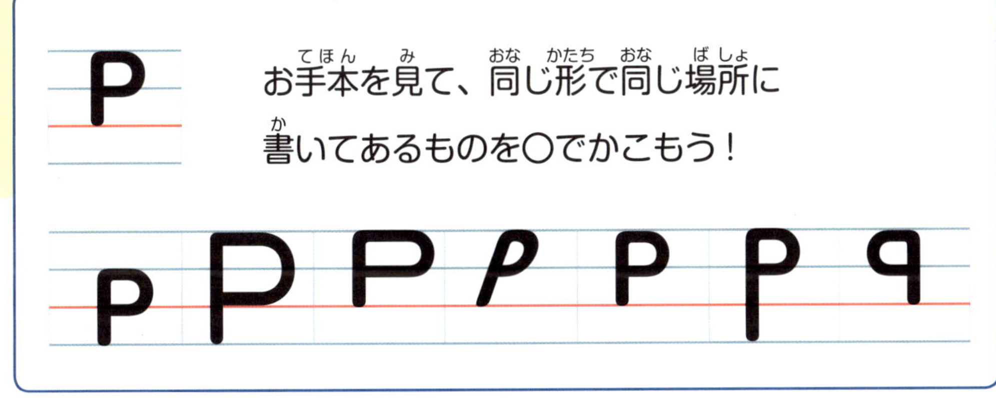

きれいな線とカーブを書けるようになろう！

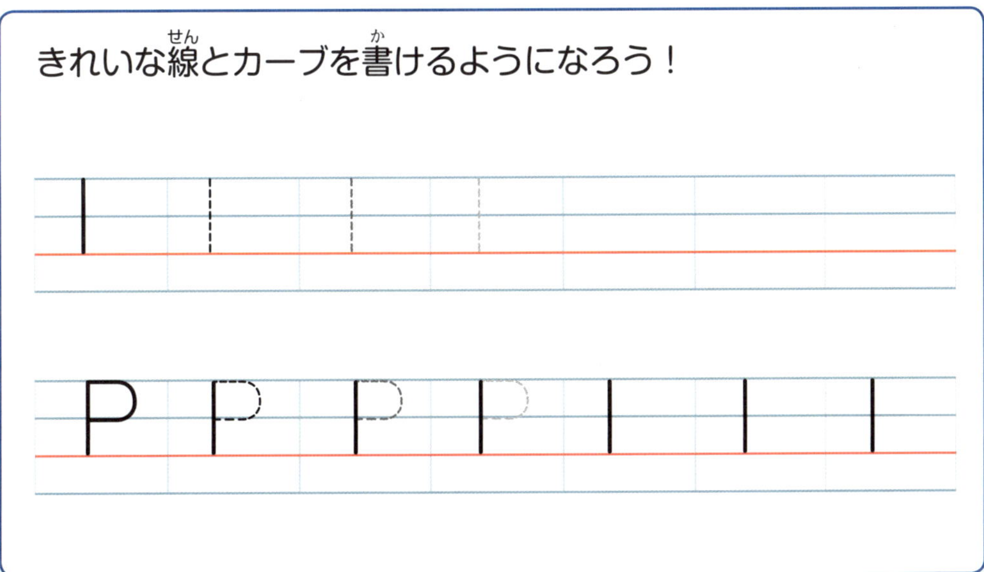

練習してみよう！

ピーさんが、ピンで目じるしをつけたよ。

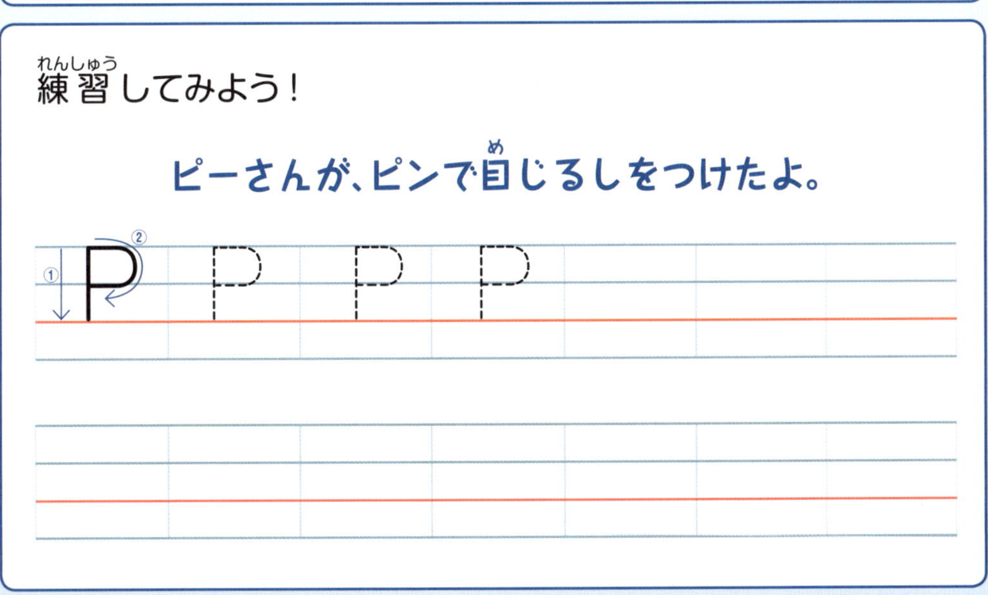

アルフファベット大文字 Q をおぼえよう

Q を組み立てるための部品を２つえらんで ○ でかこもう！

・ 、 C O / I

、O　左の２つの部品を組み合わせてできるアルファベットを ○ でかこもう！

O　G　P　R　Q

Q を見つけて、なぞってみよう！

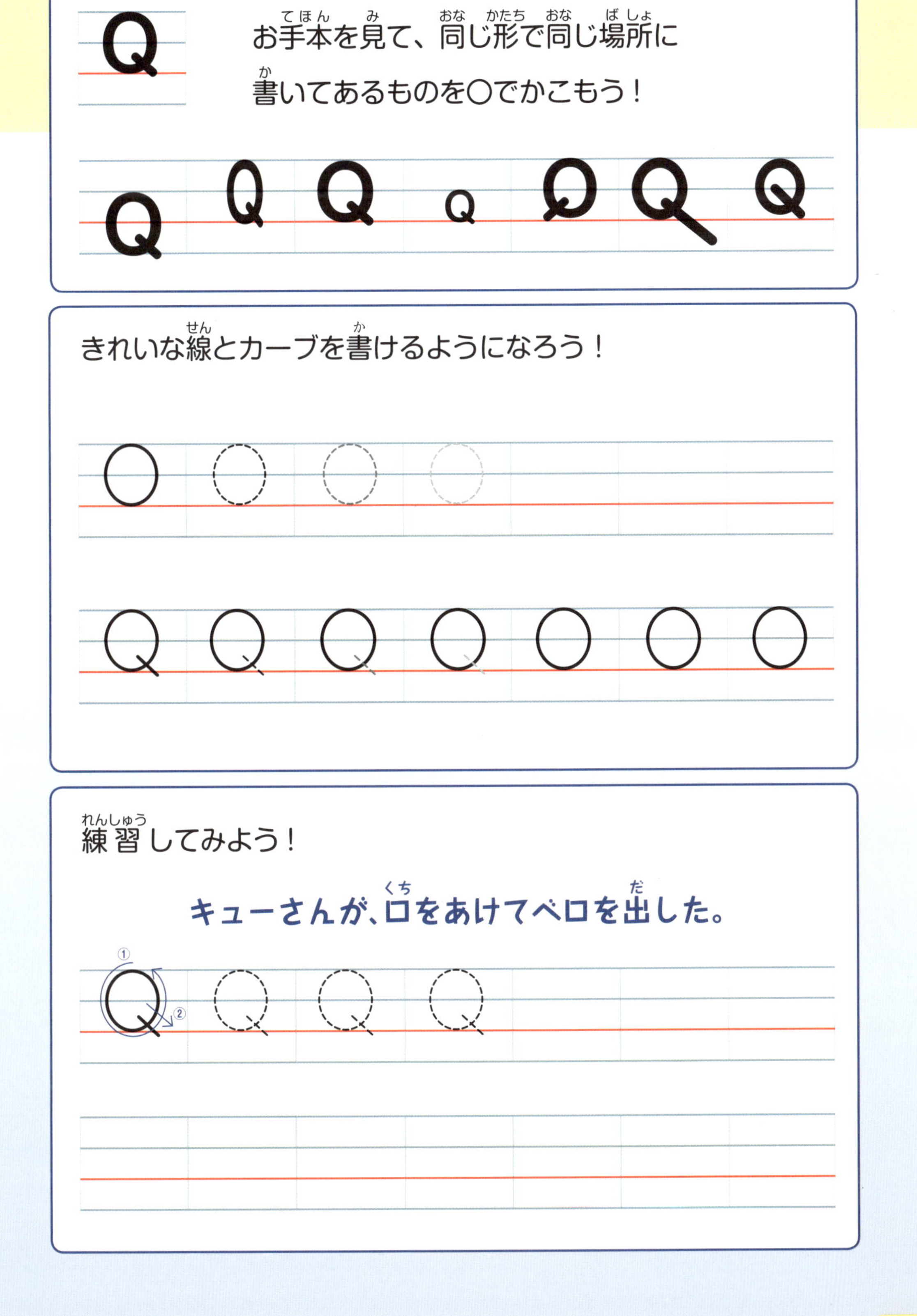
お手本を見て、同じ形で同じ場所に
書いてあるものを○でかこもう！
きれいな線とカーブを書けるようになろう！
練習してみよう！
キューさんが、口をあけてベロを出した。
①
②

アルファベット大文字 R をおぼえよう

R を組み立てるための部品を 3 つえらんで ○ でかこもう！

／ ｜ ○ ⊃ ＼ ー

⊃ ＼ ｜ 左の 3 つの部品を組み合わせてできるアルファベットを ○ でかこもう！

B　G　P　R　K

R を見つけて、なぞってみよう！

R

お手本を見て、同じ形で同じ場所に
書いてあるものを○でかこもう！

R R R R R R R

きれいな線とカーブを書けるようになろう！

P P P P

R R R R P P P

練習してみよう！

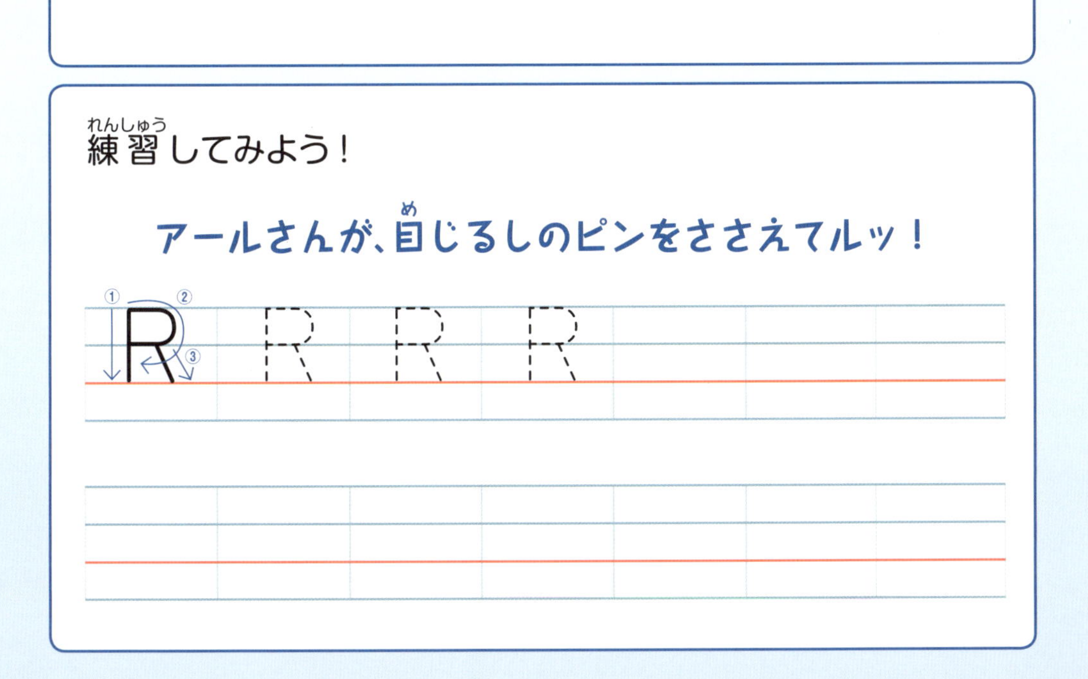

アルファベット大文字 S をおぼえよう

S の部品は1つだけ！えらんで ○ でかこもう！

C Ɔ S Ƨ I O

S　左の部品でできる
アルファベットを ○ でかこもう！

P　L　U　S　Z

S を見つけて、なぞってみよう！

S

お手本を見て、同じ形で同じ場所に書いてあるものを○でかこもう！

s S S S S S S

きれいなカーブを書けるようになろう！

S S S S

S S S S

練習してみよう！

エスさんが、ススッと８をとちゅうまで書いた。

① S S S S

アルファベット大文字 T をおぼえよう

T を組み立てるための部品を 2 つえらんで ○ でかこもう！

左の 2 つの部品を組み合わせてできるアルファベットを ○ でかこもう！

Z　I　N　T　Y

T を見つけて、なぞってみよう！

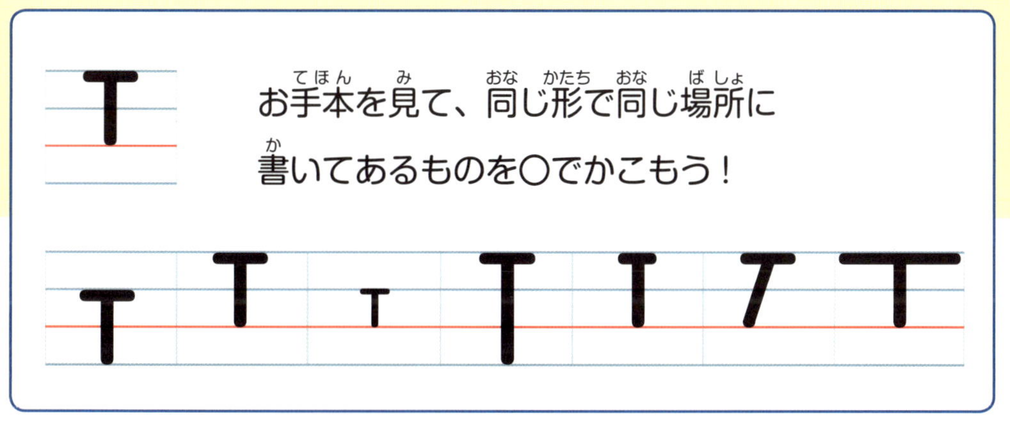

お手本を見て、同じ形で同じ場所に書いてあるものを○でかこもう！

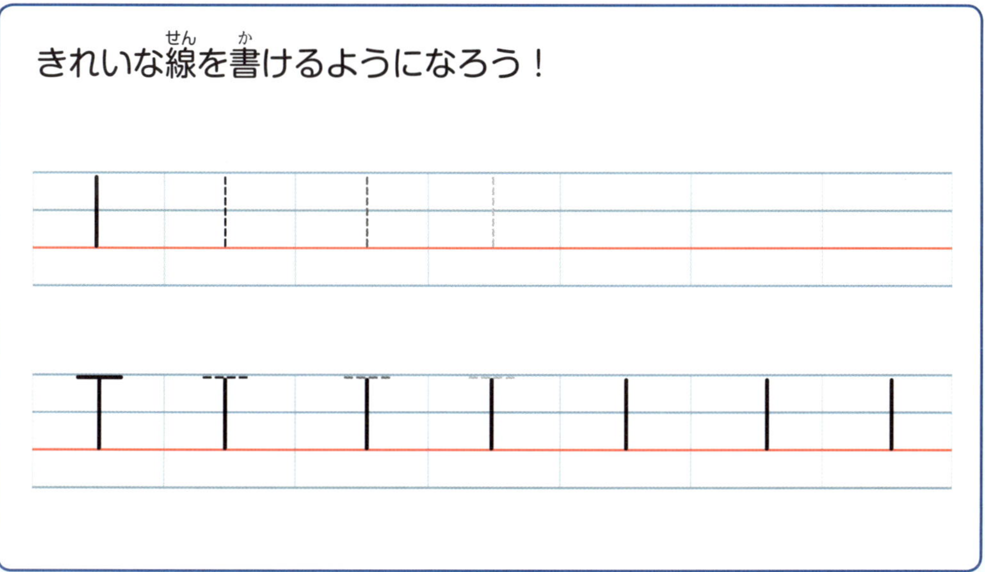

きれいな線を書けるようになろう！

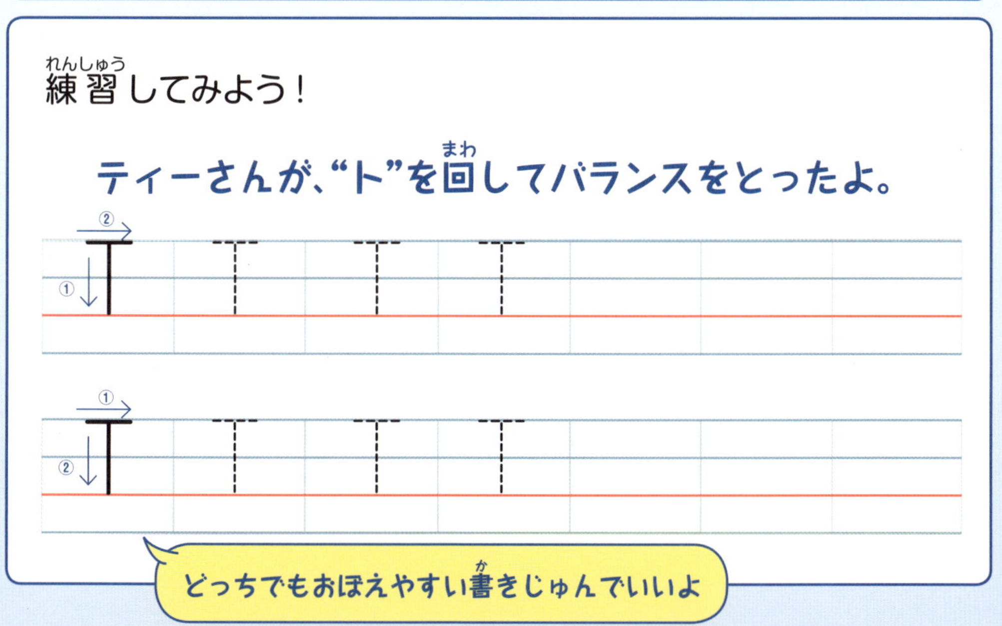

練習してみよう！

ティーさんが、“ト”を回してバランスをとったよ。

どっちでもおぼえやすい書きじゅんでいいよ

アルファベット大文字（おおもじ） U をおぼえよう

U の部品（ぶひん）は1つだけ！えらんで ○ でかこもう！

O | ＿ U Ɔ /

左（ひだり）の部品（ぶひん）でできる
アルファベットを ○ でかこもう！

C　S　U　O　V

U を見（み）つけて、なぞってみよう！

お手本を見て、同じ形で同じ場所に書いてあるものを○でかこもう！

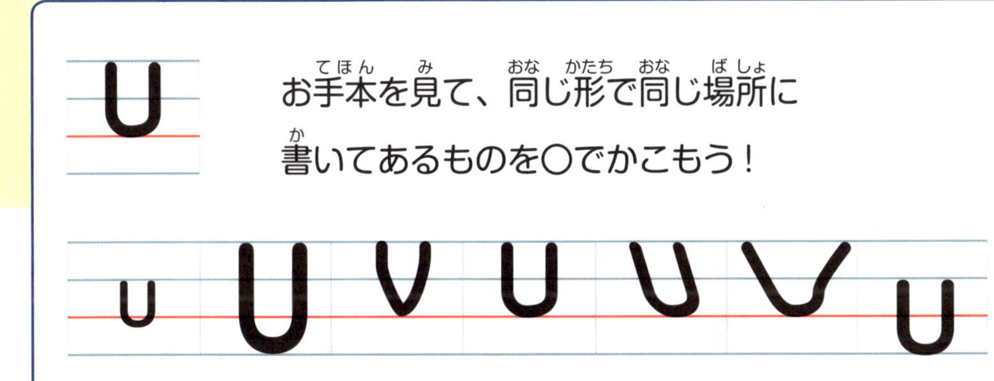

きれいなカーブを書けるようになろう！

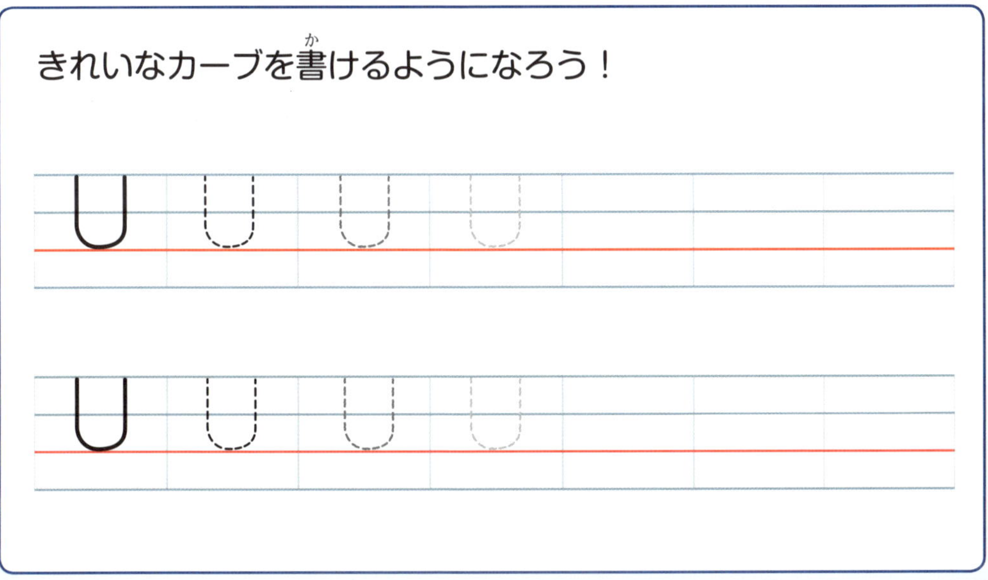

練習してみよう！

ユーさんが、ウがいをするためのコップだよ。

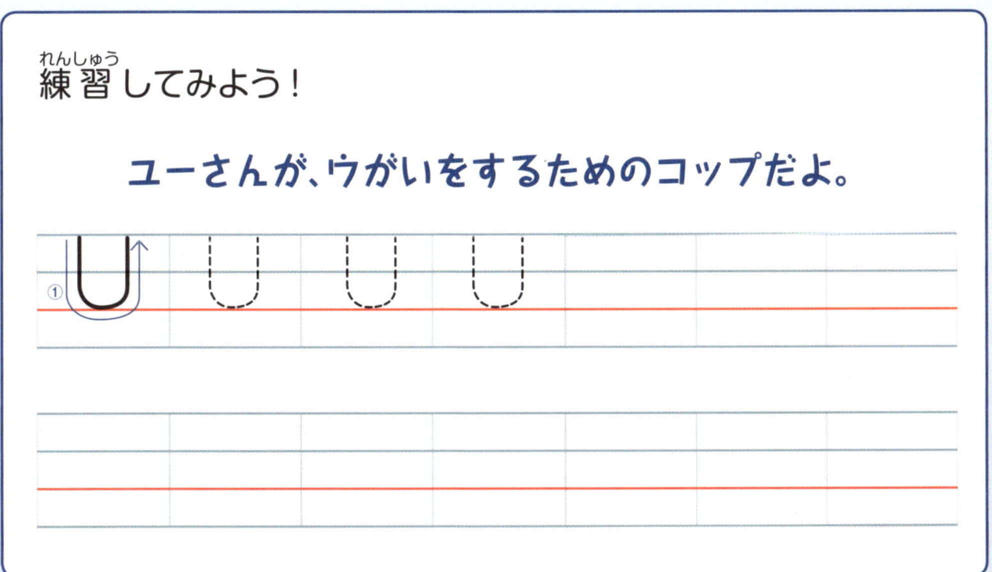

アルファベット大文字 V をおぼえよう

V を組み立てるための部品を２つえらんで ○ でかこもう！

C

左の２つの部品を組み合わせてできるアルファベットを ○ でかこもう！

T　Y　N　V　W

V を見つけて、なぞってみよう！

お手本を見て、同じ形で同じ場所に
書いてあるものを○でかこもう！

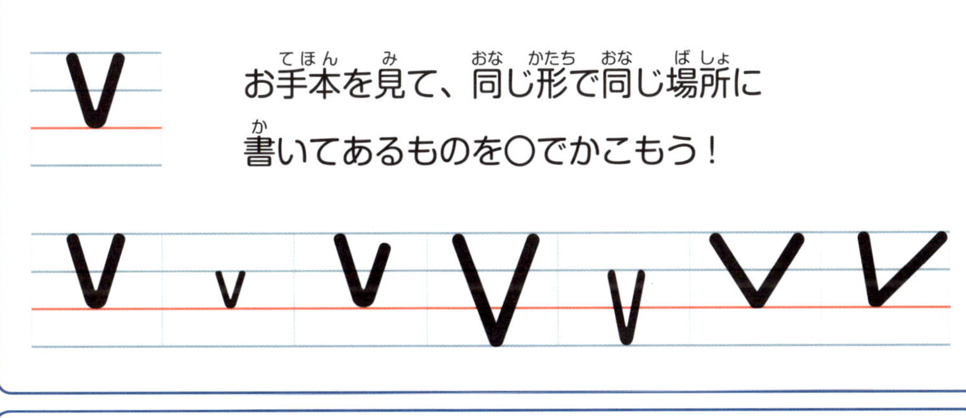

きれいな線を書けるようになろう！

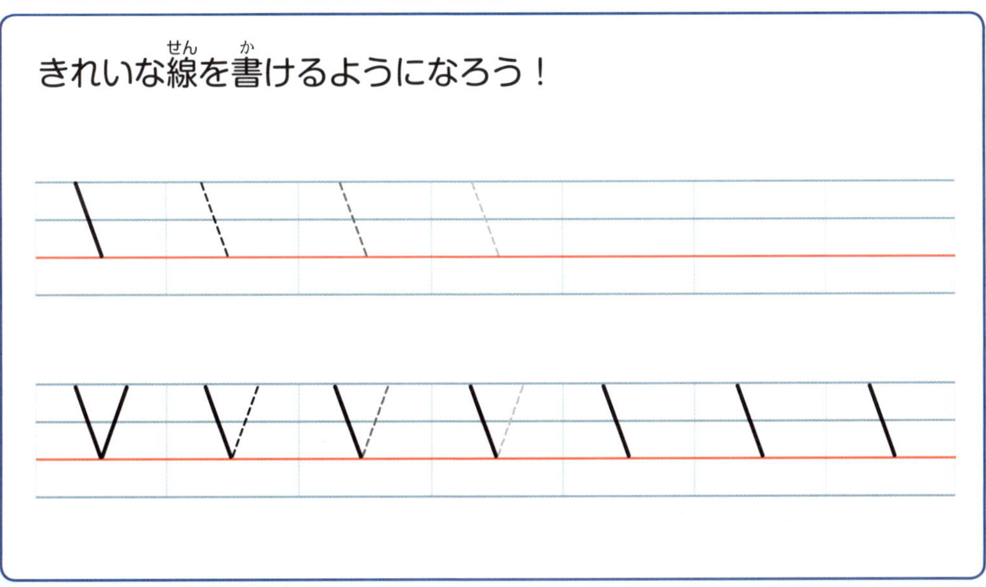

練習してみよう！

ヴィーさんが、2本の指でブイサイン！

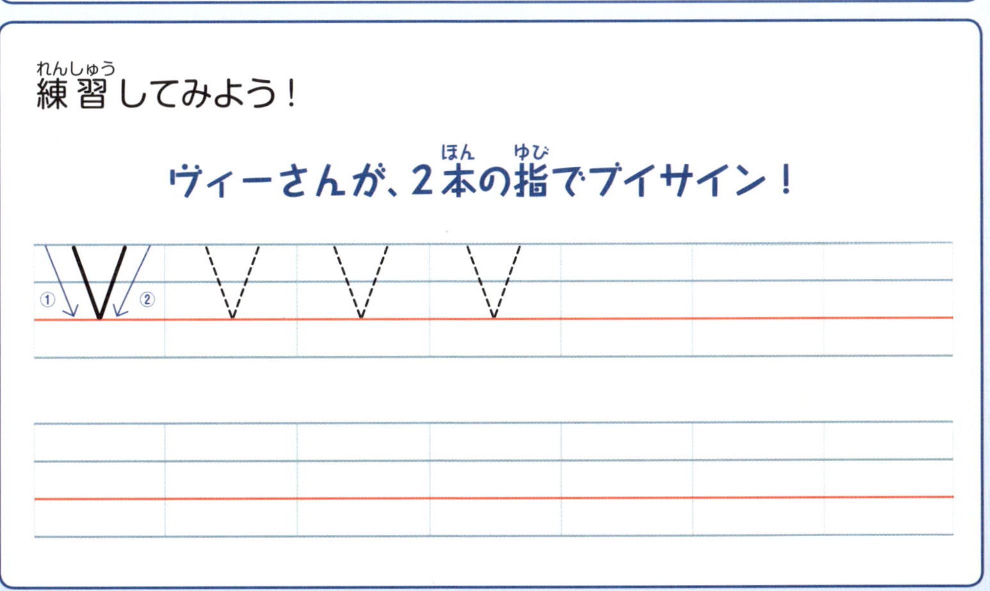

アルファベット大文字 W をおぼえよう

W を組み立てるための部品を 4 つえらんで ○ でかこもう！

/ \ ー / J \

/ / \ \ 左の 4 つの部品を組み合わせてできるアルファベットを ○ でかこもう！

N　Y　W　X　A

W を見つけて、なぞってみよう！

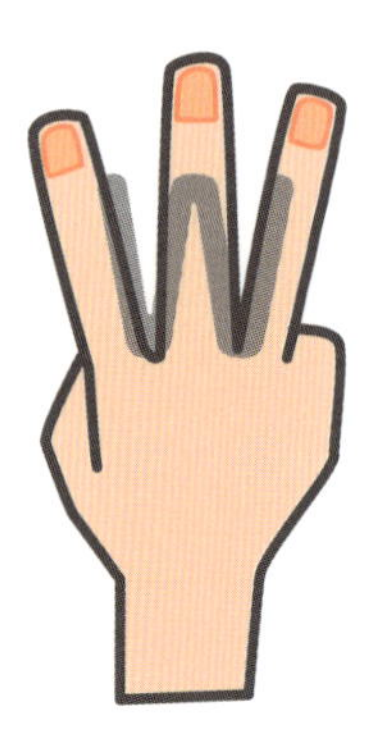

W

お手本を見て、同じ形で同じ場所に書いてあるものを○でかこもう！

W w W W W W W

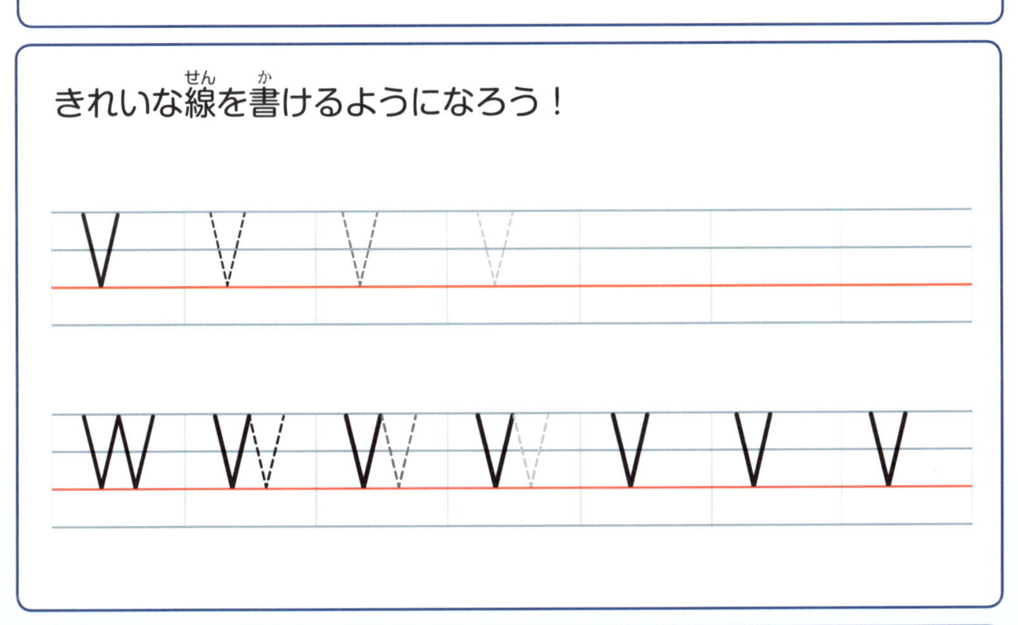

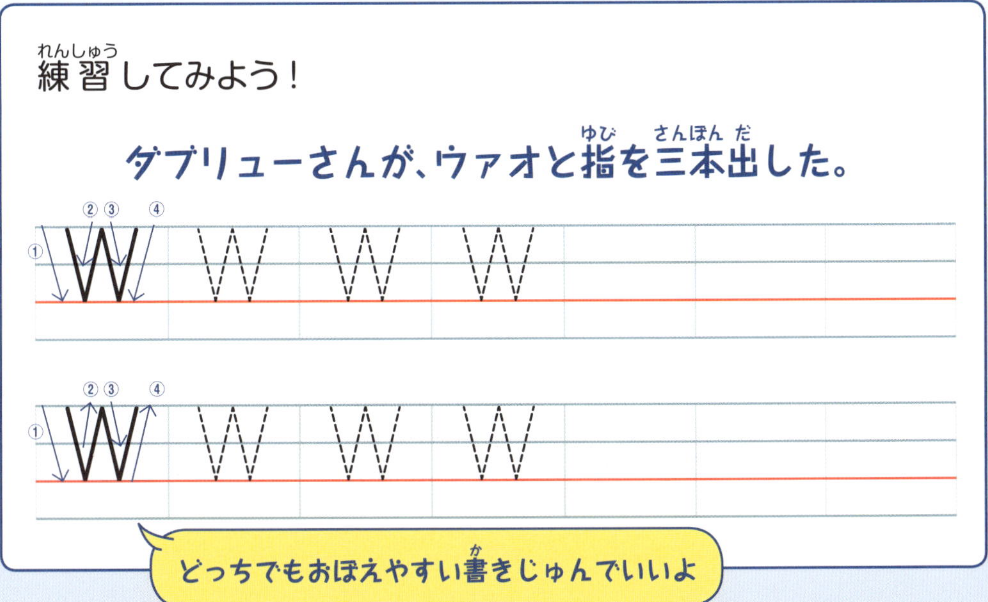

アルファベット大文字 X をおぼえよう

X を組み立てるための部品を２つえらんで ○ でかこもう！

一　＼　・　L　／　C

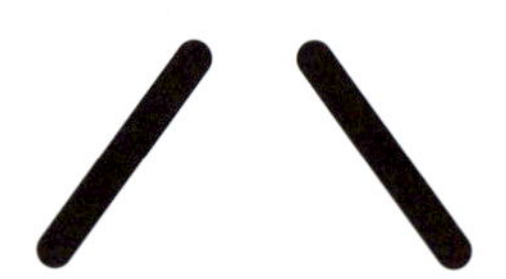

左の２つの部品を組み合わせてできるアルファベットを ○ でかこもう！

X　A　T　N　W

X を見つけて、なぞってみよう！

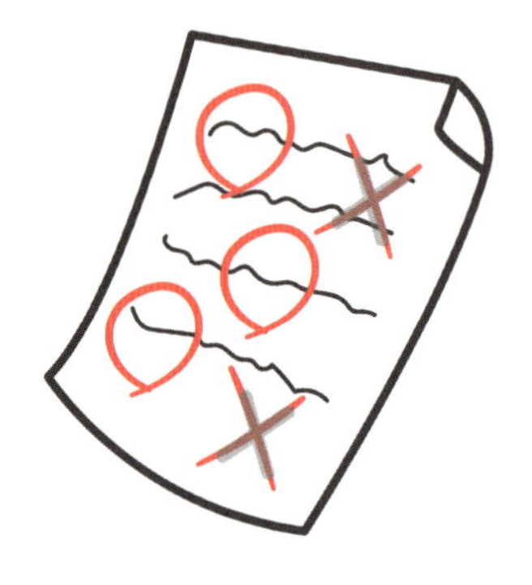

お手本を見て、同じ形で同じ場所に
書いてあるものを○でかこもう！

きれいな線を書けるようになろう！

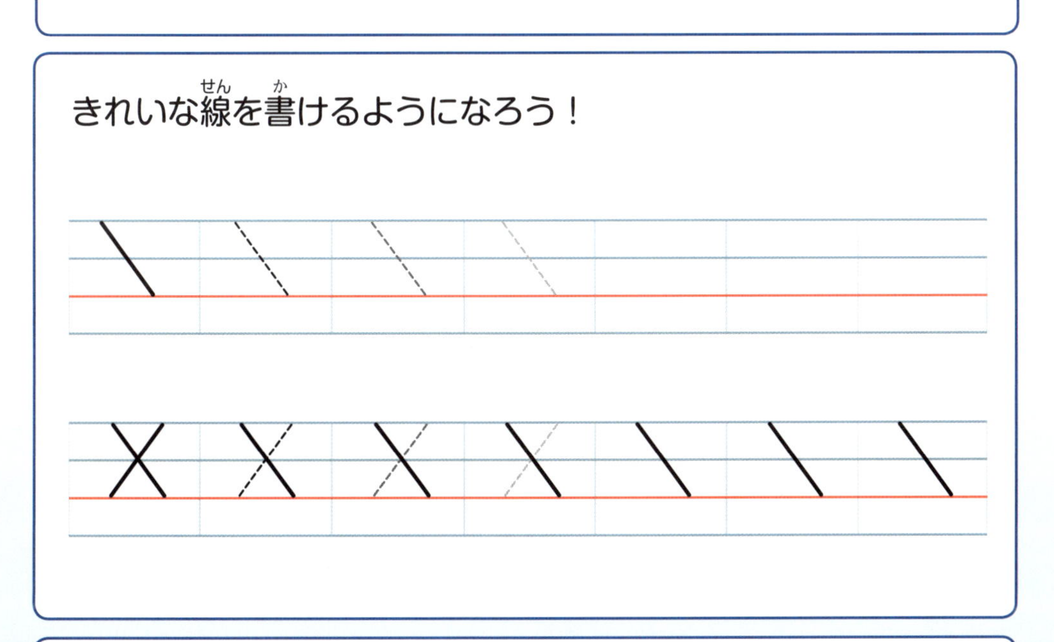

練習してみよう！

エックスさんが、クスッと笑ってバツを書いた。

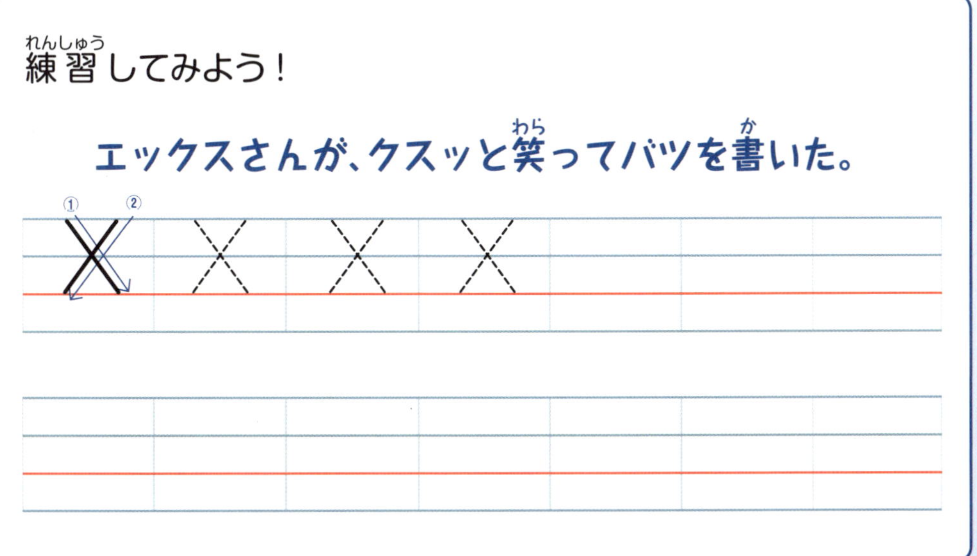

アルファベット大文字 Y をおぼえよう

Y を組み立てるための部品を 3 つえらんで ○ でかこもう！

左の 3 つの部品を組み合わせてできるアルファベットを ○ でかこもう！

X　Z　N　Y　V

Y を見つけて、なぞってみよう！

お手本を見て、同じ形で同じ場所に書いてあるものを○でかこもう！

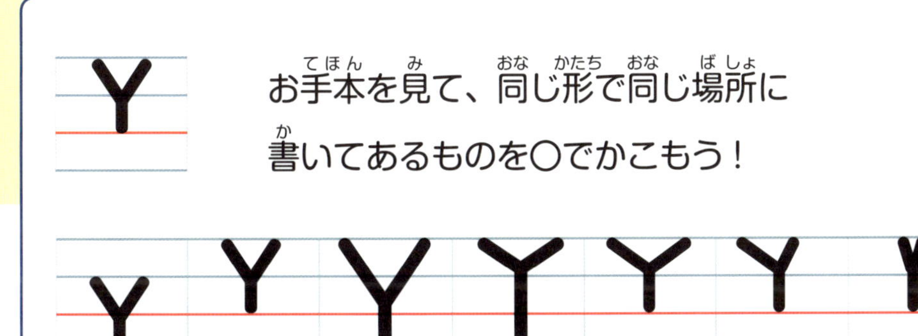

きれいな線を書けるようになろう！

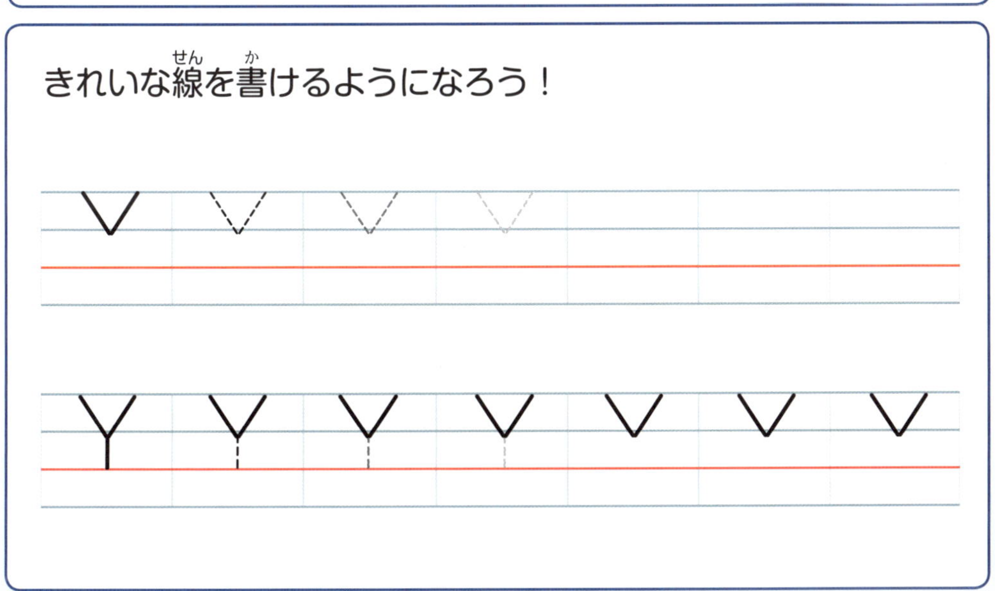

練習してみよう！

ワイさんが、イェイとうでをあげてブイサインした。

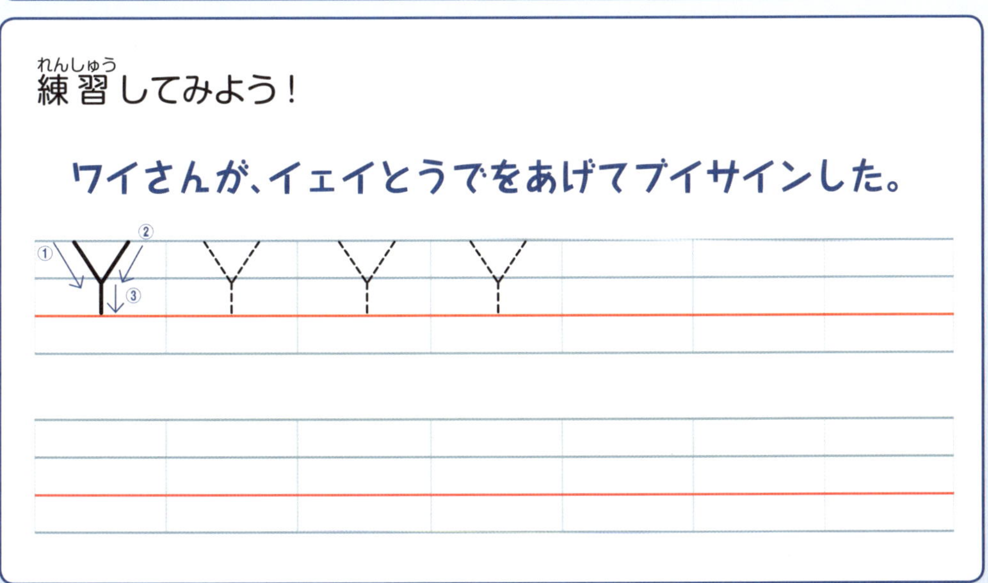

アルファベット大文字(おおもじ) Z をおぼえよう

Z を組(く)み立(た)てるための部品(ぶひん)を 3 つえらんで ○ でかこもう！

／ ￣ ｜ ＿ C L

／ ￣ ＿ 左(ひだり)の 3 つの部品(ぶひん)を組(く)み合(あ)わせてできるアルファベットを ○ でかこもう！

A Z N M E

Z を見(み)つけて、なぞってみよう！

Z

お手本を見て、同じ形で同じ場所に
書いてあるものを○でかこもう！

Z Z Z z Z Z Z

きれいな線を書けるようになろう！

練習してみよう！

ズィーさんが、ズーッと“ニ”と“ノ”を練習していた。

Z

アルファベット小文字 a をおぼえよう

a を組み立てるための部品を２つえらんで ○ でかこもう！

ー ・ c o ſ l

c l　左の２つの部品を組み合わせてできるアルファベットを ○ でかこもう！

a b c e f

a を見つけて、なぞってみよう！

お手本を見て、同じ形で同じ場所に
書いてあるものを○でかこもう！

a

a a a b a a q

きれいな線とカーブを書けるようになろう！

c

a a a c c c c

練習してみよう！

小さいエィさんが、アッとひらいた口を
手でふさいだよ。

a

アルファベット小文字(こもじ) b をおぼえよう

b を組(く)み立(た)てるための部品(ぶひん)を 2 つえらんで ○ でかこもう！

・ ー ／ ＼ ɔ ｜

｜ ɔ

左(ひだり)の 2 つの部品(ぶひん)を組(く)み合(あ)わせてできるアルファベットを ○ でかこもう！

a b c d e

b を見(み)つけて、なぞってみよう！

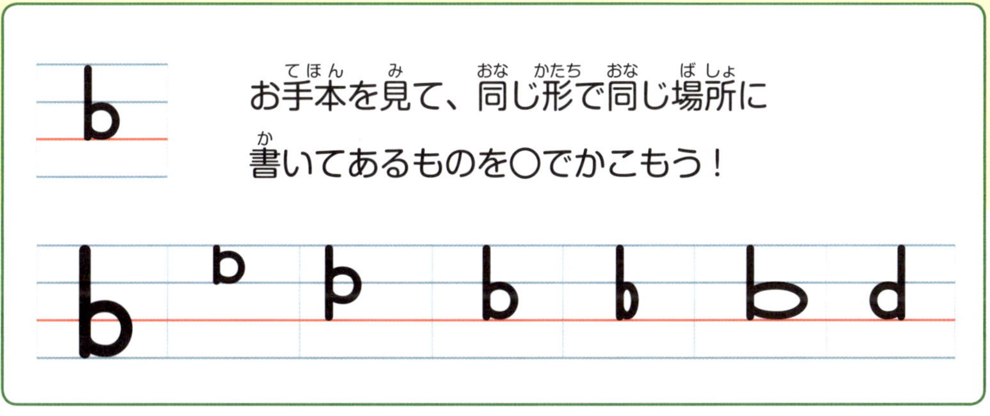
b
お手本を見て、同じ形で同じ場所に
書いてあるものを〇でかこもう！

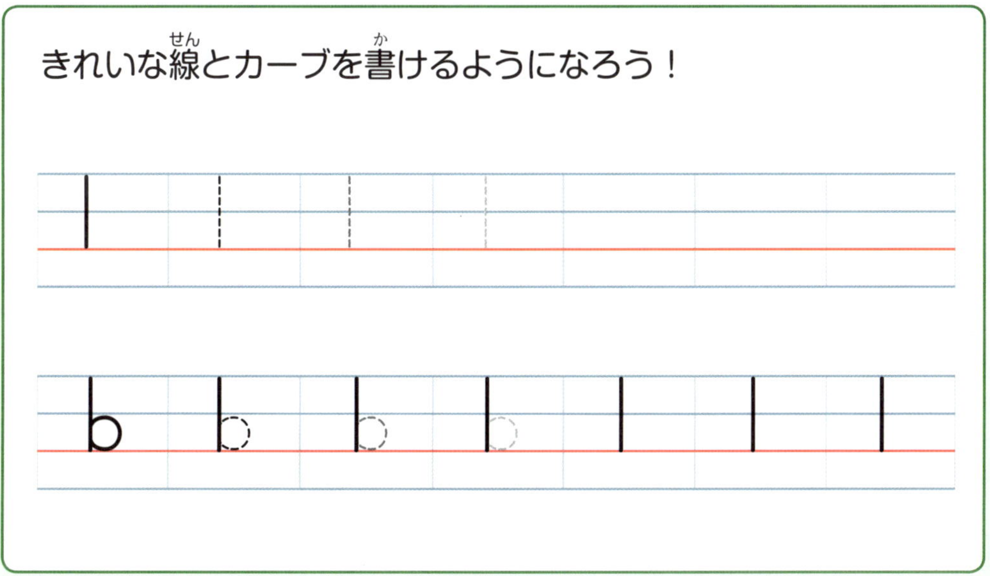
きれいな線とカーブを書けるようになろう！

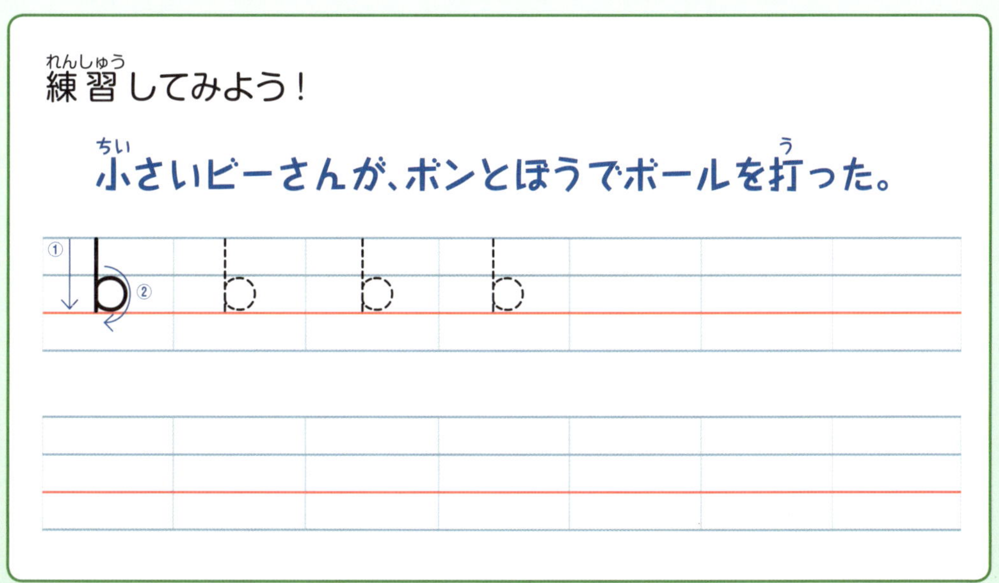
練習してみよう！
小さいビーさんが、ボンとぼうでボールを打った。
①
②

アルファベット小文字(こもじ) c をおぼえよう

c の部品(ぶひん)は１つだけ！えらんで ○ でかこもう！

○ | c) / ー

c 左(ひだり)の部品(ぶひん)でできる
アルファベットを ○ でかこもう！

a　c　e　d　b

c を見(み)つけて、なぞってみよう！

お手本を見て、同じ形で同じ場所に
書いてあるものを○でかこもう！

c

c C ɔ c c c C

きれいなカーブを書けるようになろう！

c

練習してみよう！

小さいシーさんが、キャッと言って、
クルッとせなかをまるめた。

① c

アルファベット小文字 d をおぼえよう

d を組み立てるための部品を2つえらんで ○ でかこもう！

l o ー / c ⊃

l c　左の2つの部品を組み合わせてできるアルファベットを ○ でかこもう！

a　b　d　e　f

d を見つけて、なぞってみよう！

お手本を見て、同じ形で同じ場所に書いてあるものを○でかこもう！

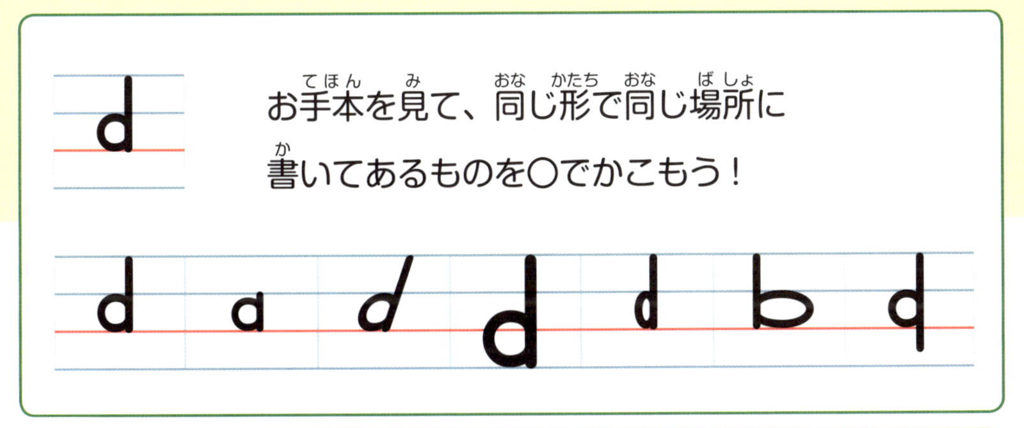

きれいな線とカーブを書けるようになろう！

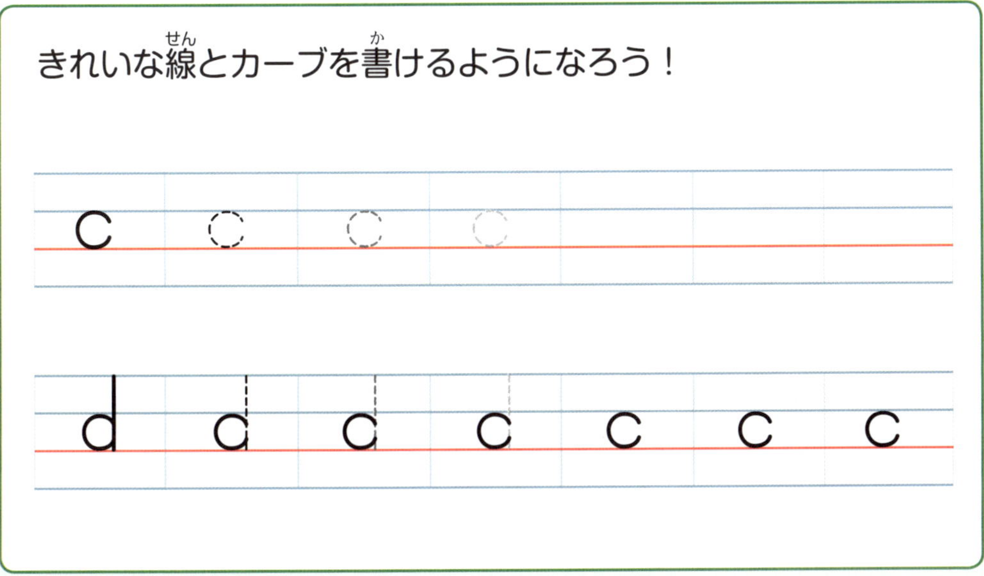

練習してみよう！

小さいディーさんが、ドドドッと転がったボールをぼうで止めた。

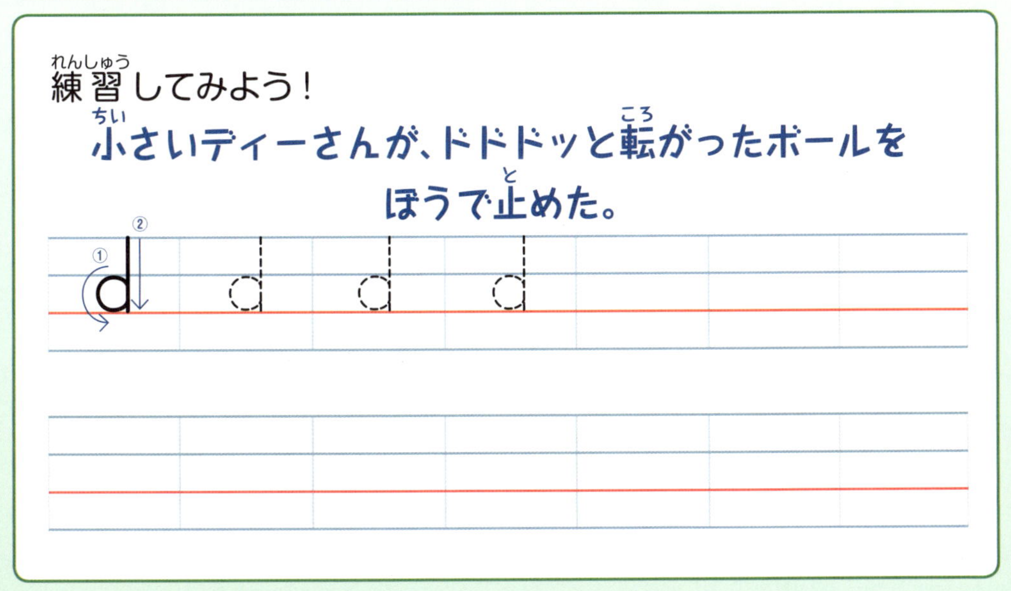

アルファベット小文字 e をおぼえよう

e を組み立てるための部品を 2 つえらんで ○ でかこもう！

l o - / c Ɔ

- c 左の 2 つの部品を組み合わせてできるアルファベットを ○ でかこもう！

h g c e f

e を見つけて、なぞってみよう！

お手本を見て、同じ形で同じ場所に
書いてあるものを○でかこもう！

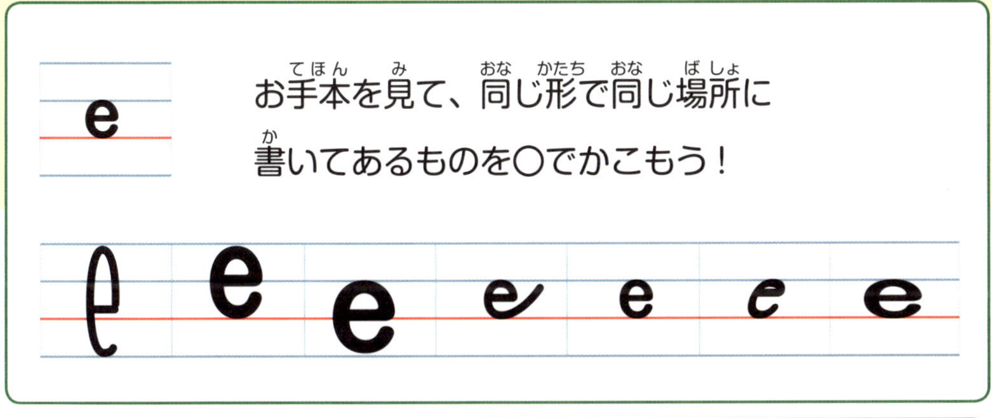

きれいな線とカーブを書けるようになろう！

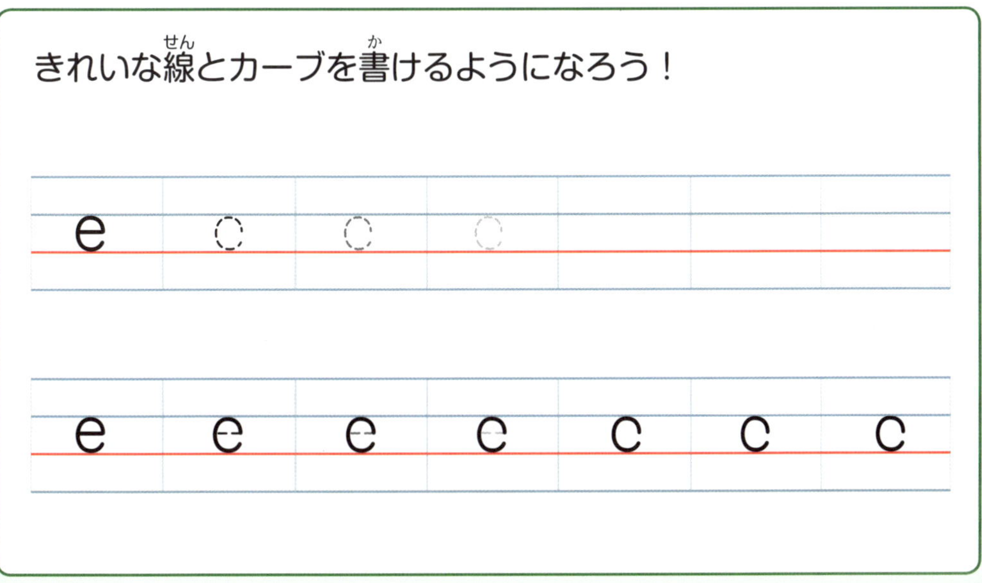

練習してみよう！

小さいイーさんは、横から見るとイイ笑顔！

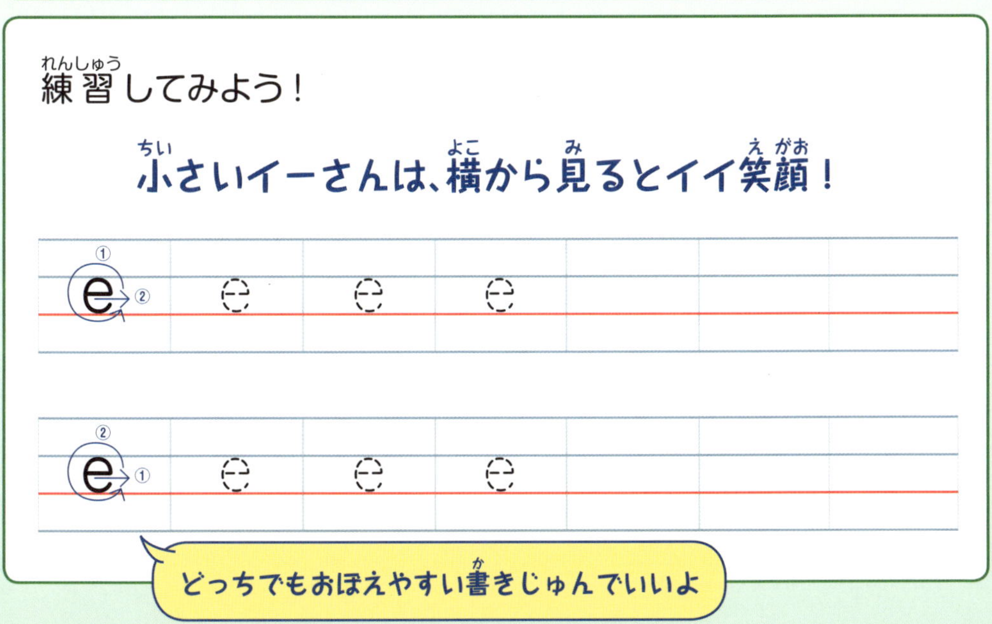

アルファベット小文字 f をおぼえよう

f を組み立てるための部品を２つえらんで ○ でかこもう！

⌠ | • ˥ − c

− ⌠ 左の２つの部品を組み合わせてできるアルファベットを ○ でかこもう！

t f d e g

f を見つけて、なぞってみよう！

お手本を見て、同じ形で同じ場所に
書いてあるものを○でかこもう！

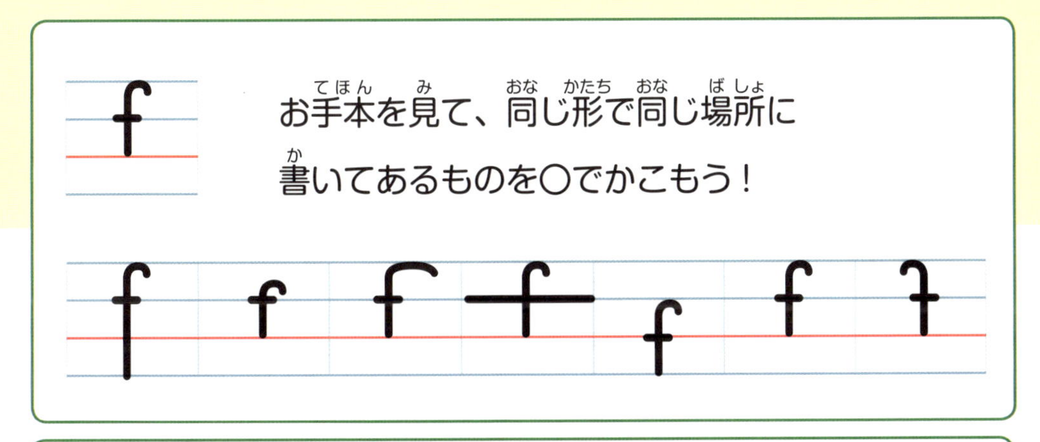

きれいな線とカーブを書けるようになろう！

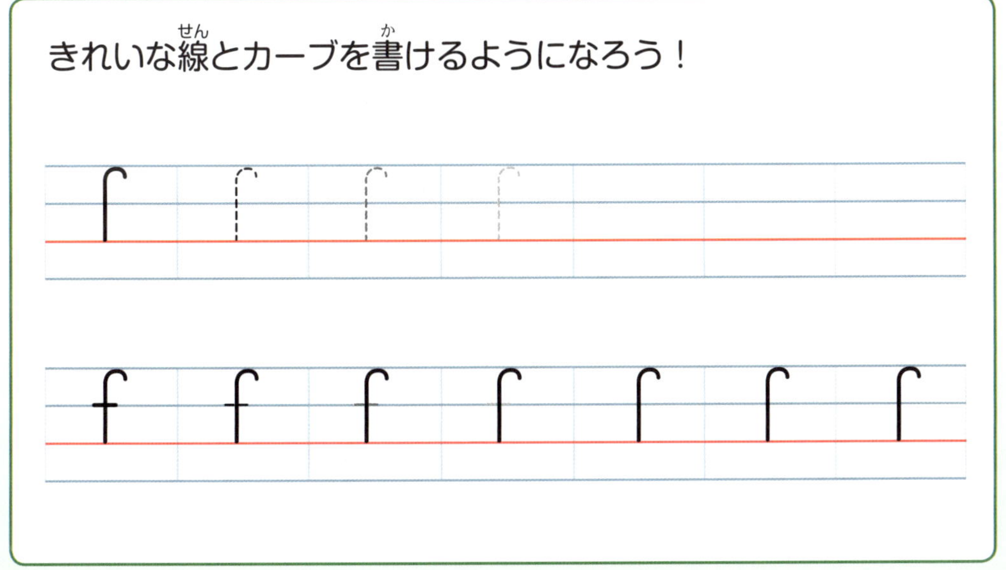

練習してみよう！

小さいエフさんが、フックにハンガーをぶら下げた。

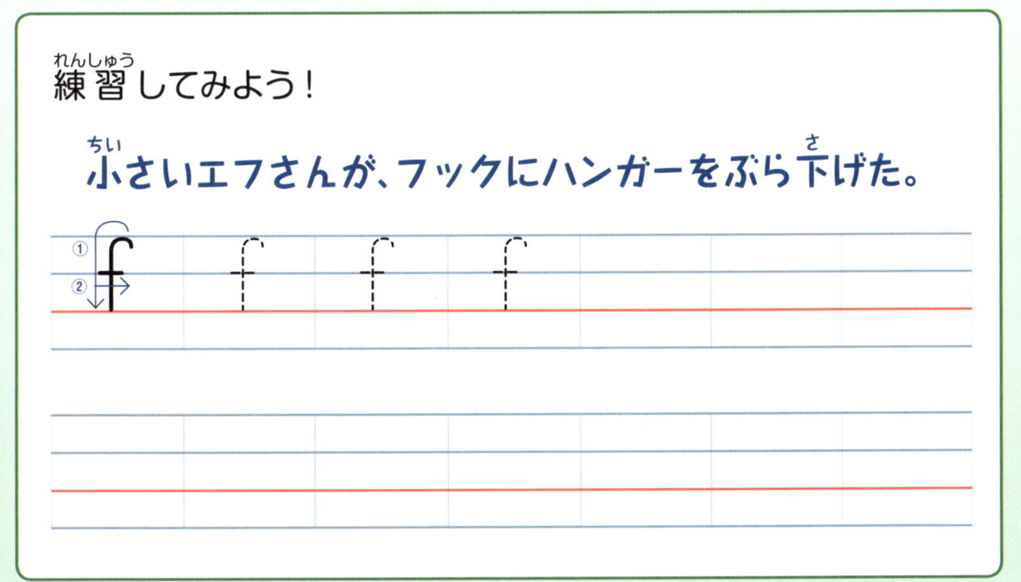

アルファベット小文字 g をおぼえよう

g を組み立てるための部品を2つえらんで ○ でかこもう！

l L J ー c •

J c 左の2つの部品を組み合わせてできるアルファベットを ○ でかこもう！

a b g h f

g を見つけて、なぞってみよう！

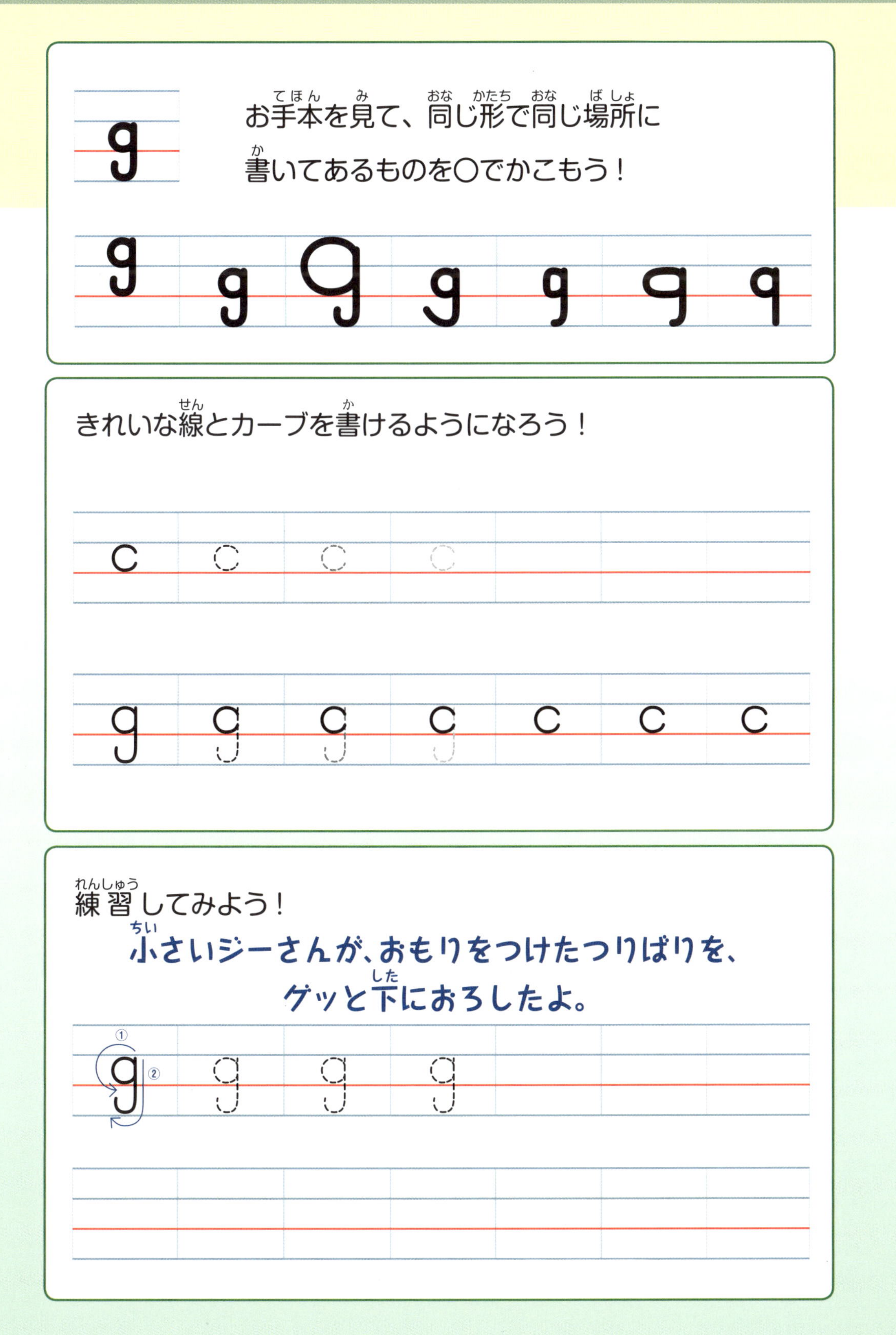
お手本を見て、同じ形で同じ場所に
書いてあるものを○でかこもう！
g g g g g g q q
きれいな線とカーブを書けるようになろう！
c
g c c c
練習してみよう！
小さいジーさんが、おもりをつけたつりばりを、
グッと下におろしたよ。
g ① ②

アルファベット小文字 h をおぼえよう

h を組み立てるための部品を２つえらんで ○ でかこもう！

c　l　o

左の２つの部品を組み合わせてできるアルファベットを ○ でかこもう！

a　b　g　h　f

h を見つけて、なぞってみよう！

お手本を見て、同じ形で同じ場所に
書いてあるものを○でかこもう！

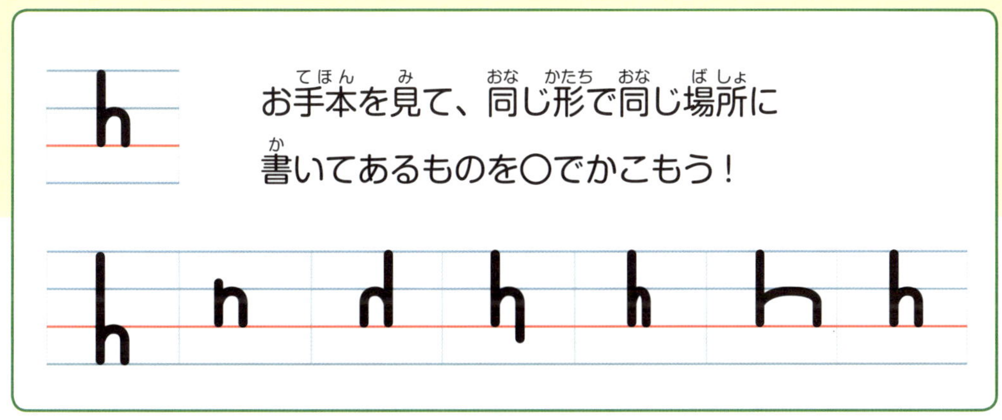

きれいな線とカーブを書けるようになろう！

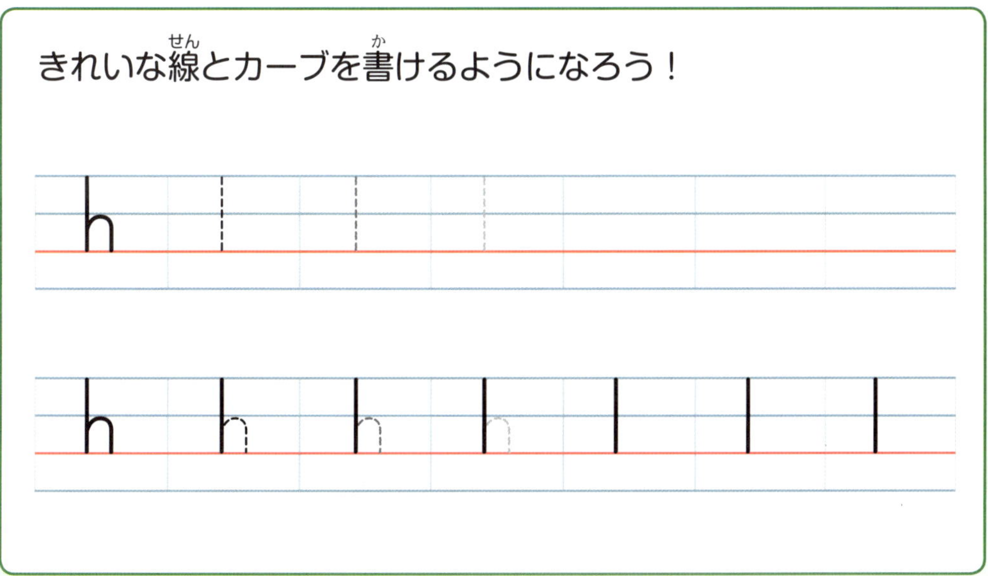

練習してみよう！

小さいエイチさんが、ホッとできるいすを作ったよ。

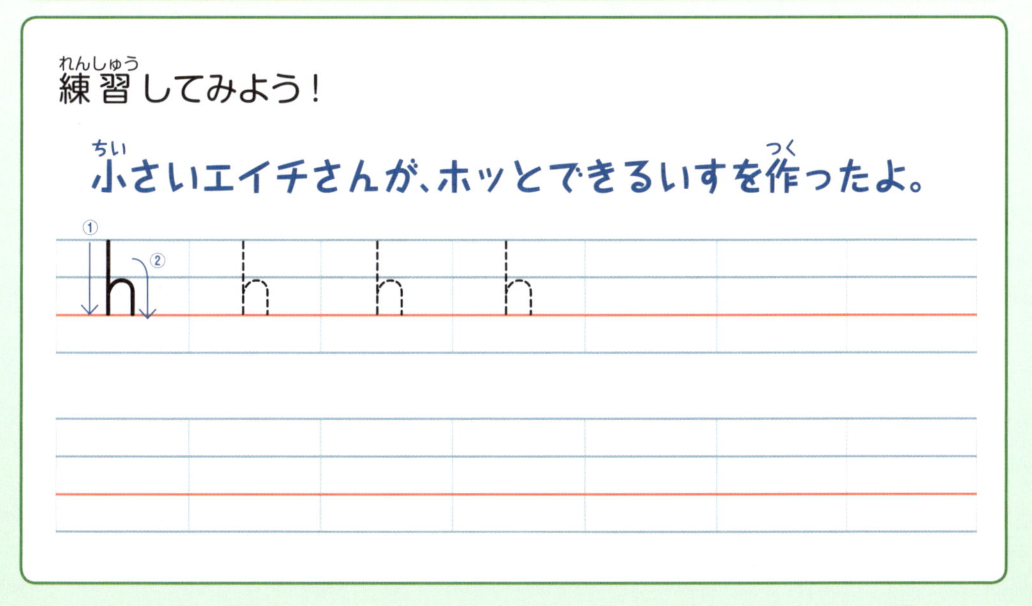

アルファベット小文字 i をおぼえよう

i を組み立てるための部品を２つえらんで ○ でかこもう！

ー ㄱ ˙ ／ ı ｏ

ı ・ 左の２つの部品を組み合わせてできるアルファベットを ○ でかこもう！

j l i t f

i を見つけて、なぞってみよう！

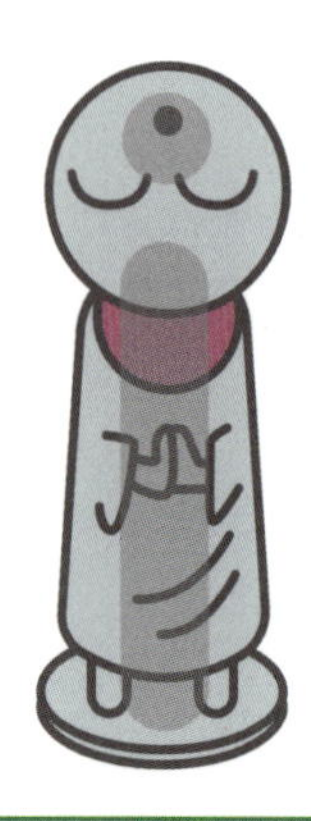

お手本を見て、同じ形で同じ場所に書いてあるものを○でかこもう！

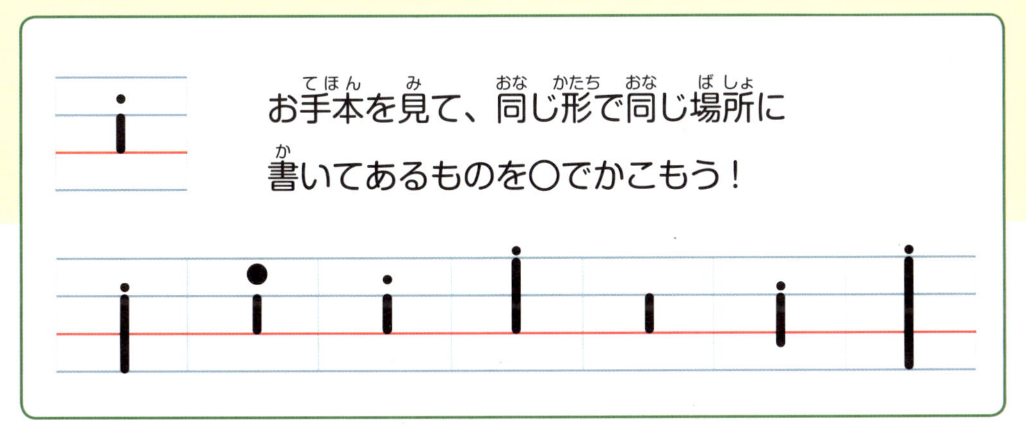

きれいな線とちょうどいい大きさの点を書けるようになろう！

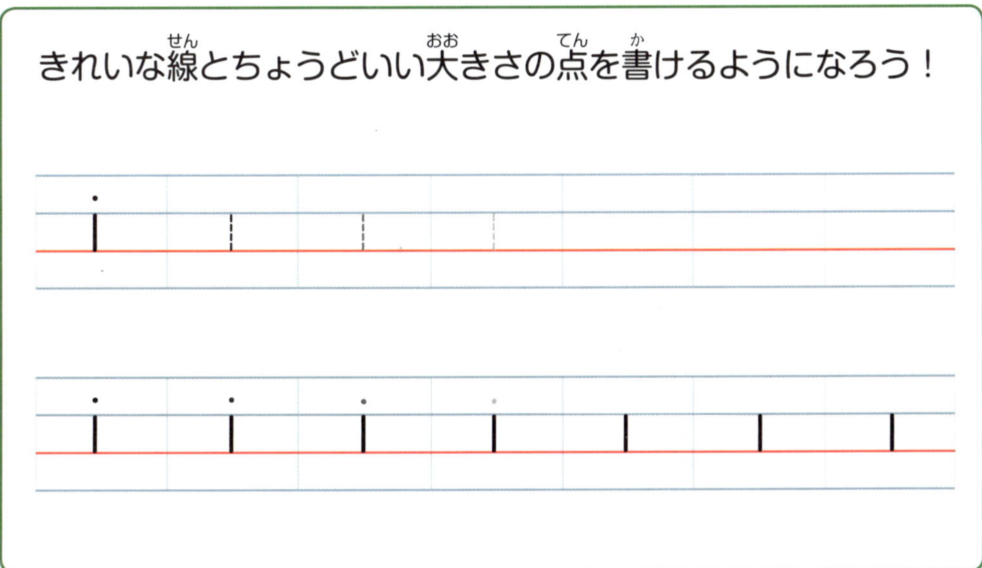

練習してみよう！

小さいアイさんが、短い1に点をつけた。

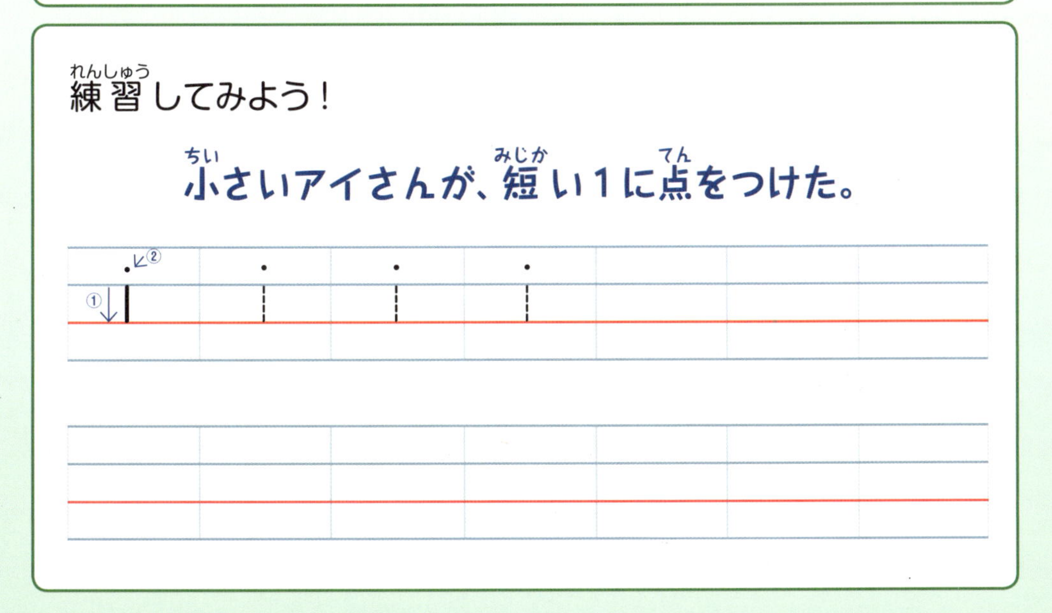

アルファベット小文字(こもじ) j をおぼえよう

j を組(く)み立(た)てるための部品(ぶひん)を 2 つえらんで ○ でかこもう！

ー　ㄱ　・　J　I　o

・ J　左(ひだり)の 2 つの部品(ぶひん)を組(く)み合(あ)わせてできるアルファベットを ○ でかこもう！

i　j　l　p　f

j を見(み)つけて、なぞってみよう！

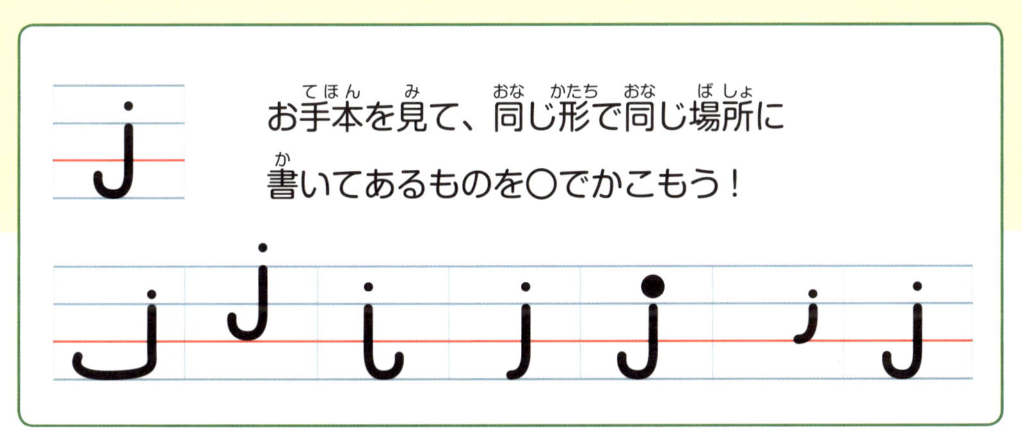

お手本を見て、同じ形で同じ場所に書いてあるものを○でかこもう！

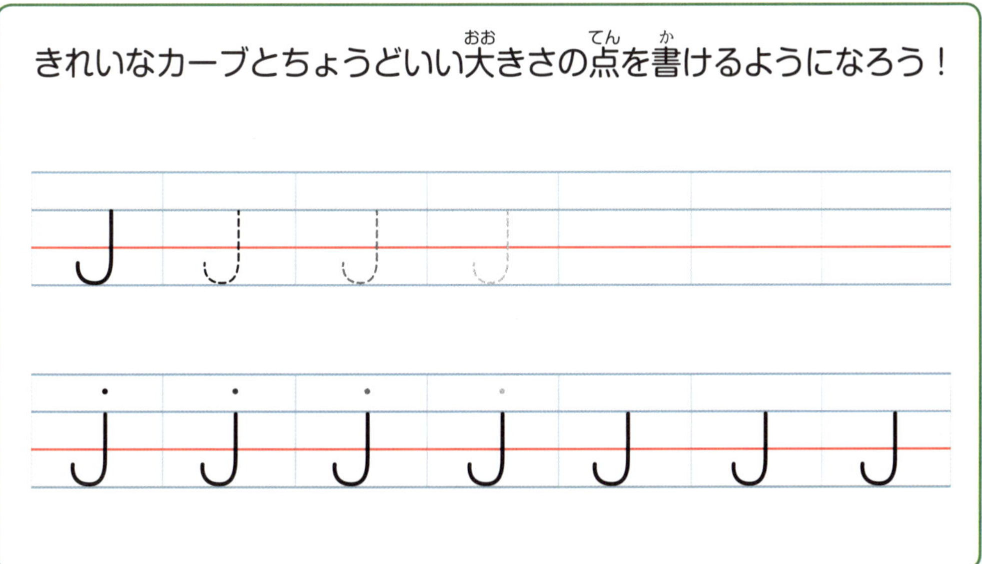

きれいなカーブとちょうどいい大きさの点を書けるようになろう！

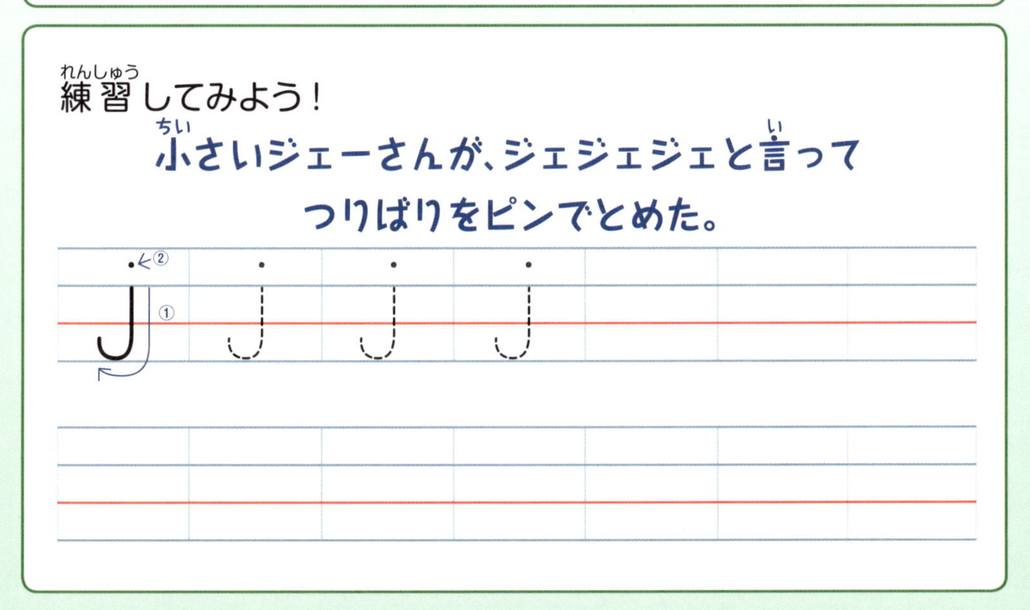

練習してみよう！

小さいジェーさんが、ジェジェジェと言ってつりばりをピンでとめた。

アルファベット小文字 k をおぼえよう

k を組み立てるための部品を3つえらんで ○ でかこもう！

、 ー ㇇ ／ ｜ c

左の3つの部品を組み合わせてできるアルファベットを ○ でかこもう！

y v h k p

k を見つけて、なぞってみよう！

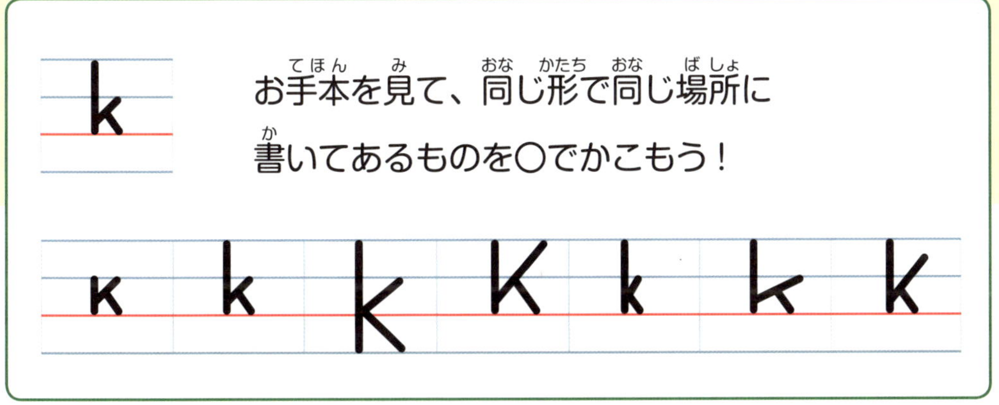
お手本を見て、同じ形で同じ場所に
書いてあるものを○でかこもう！

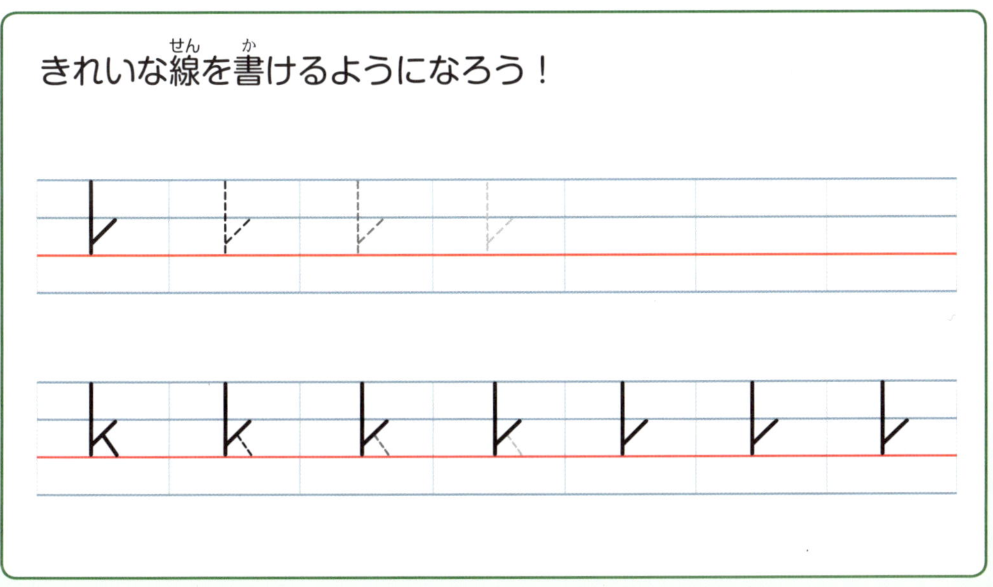
きれいな線を書けるようになろう！

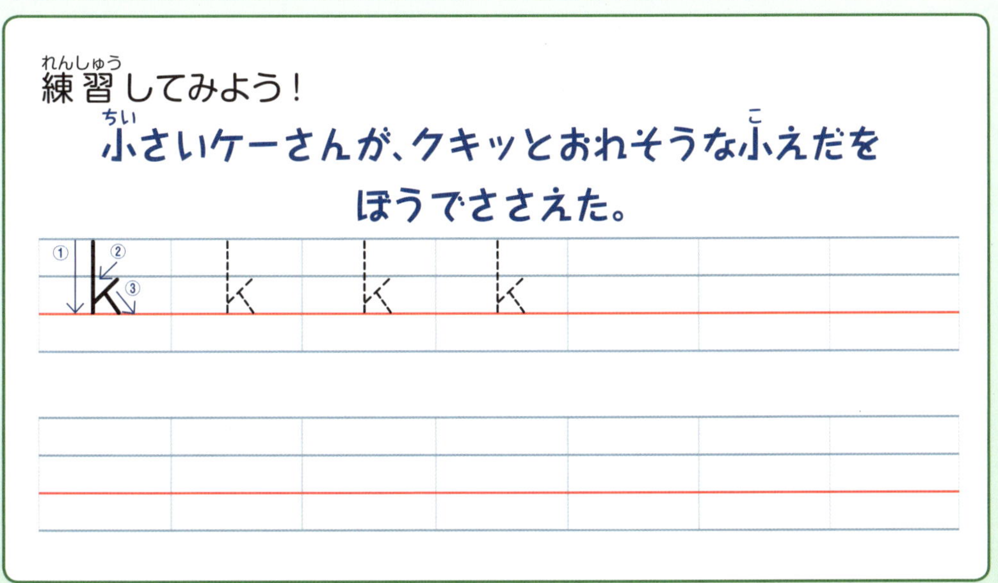
練習してみよう！
小さいケーさんが、クキッとおれそうな小えだを
ぼうでささえた。
①
②
③

アルファベット小文字 l をおぼえよう

l の部品は１つだけ！えらんで ○ でかこもう！

、 ſ ┐ ／ l c

ー 左の部品でできる
アルファベットを ○ でかこもう！

h l k f d

l を見つけて、なぞってみよう！

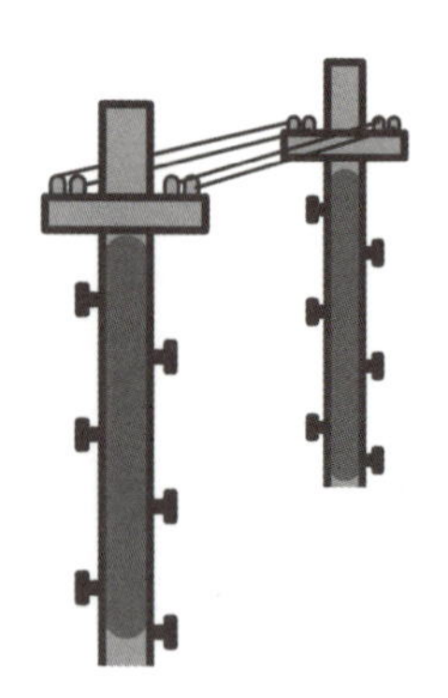

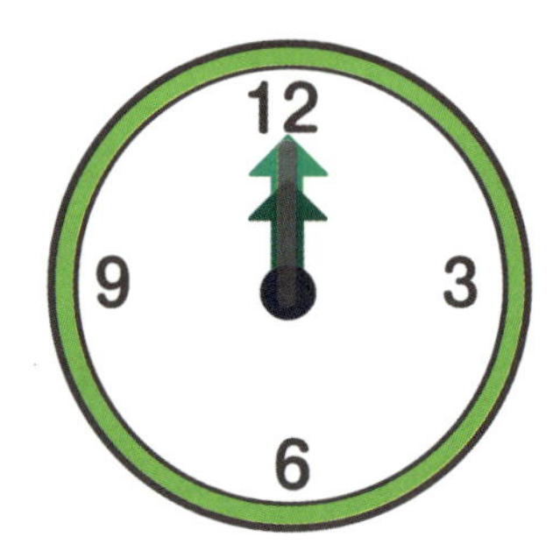

お手本を見て、同じ形で同じ場所に書いてあるものを〇でかこもう！

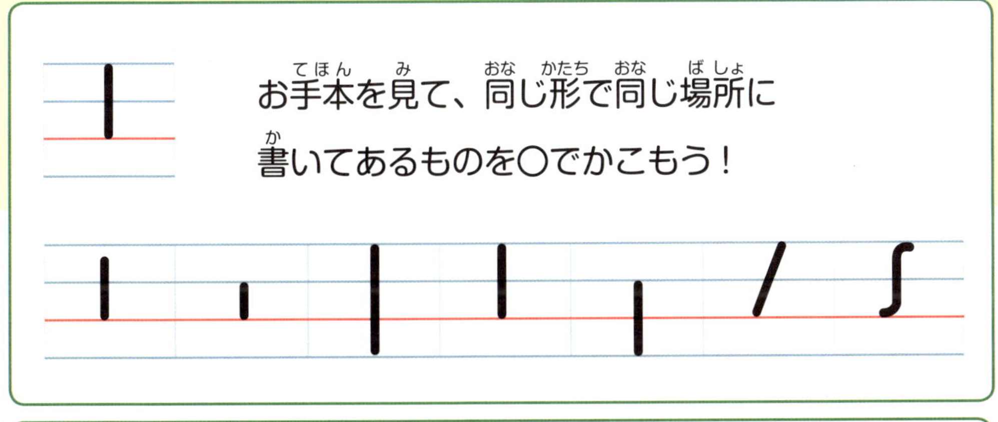

きれいな線を書けるようになろう！

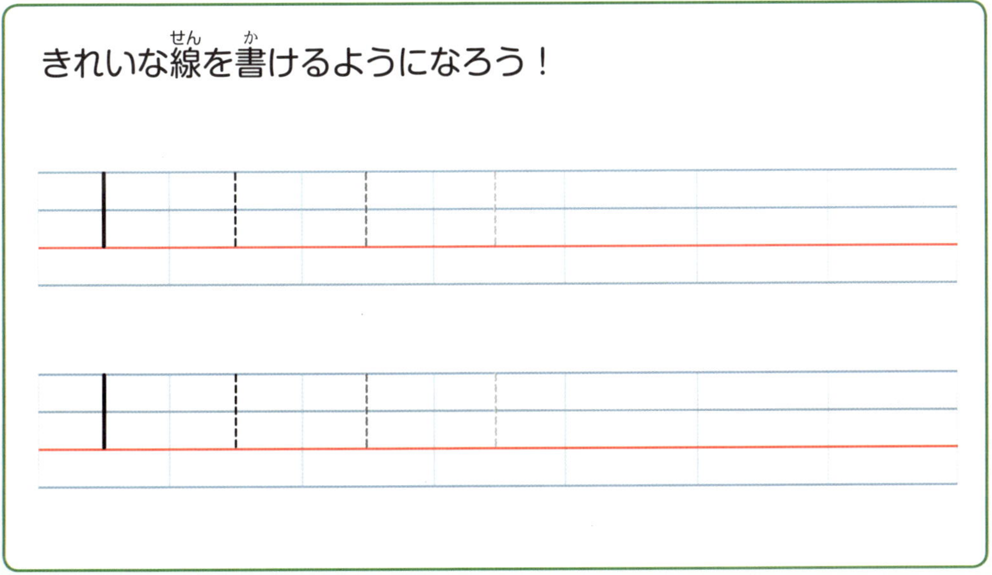

練習してみよう！

小さいエルさんが、ルンルンしながら１を書いた。

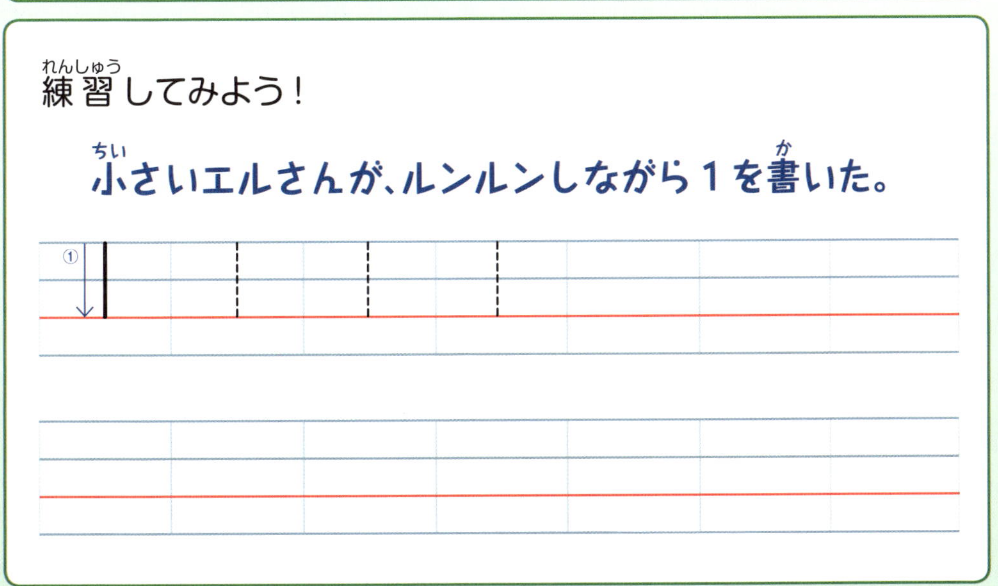

アルファベット小文字 m をおぼえよう

m を組み立てるための部品を 3 つえらんで ○ でかこもう！

左の 3 つの部品を組み合わせてできるアルファベットを ○ でかこもう！

n　h　m　e　r

m を見つけて、なぞってみよう！

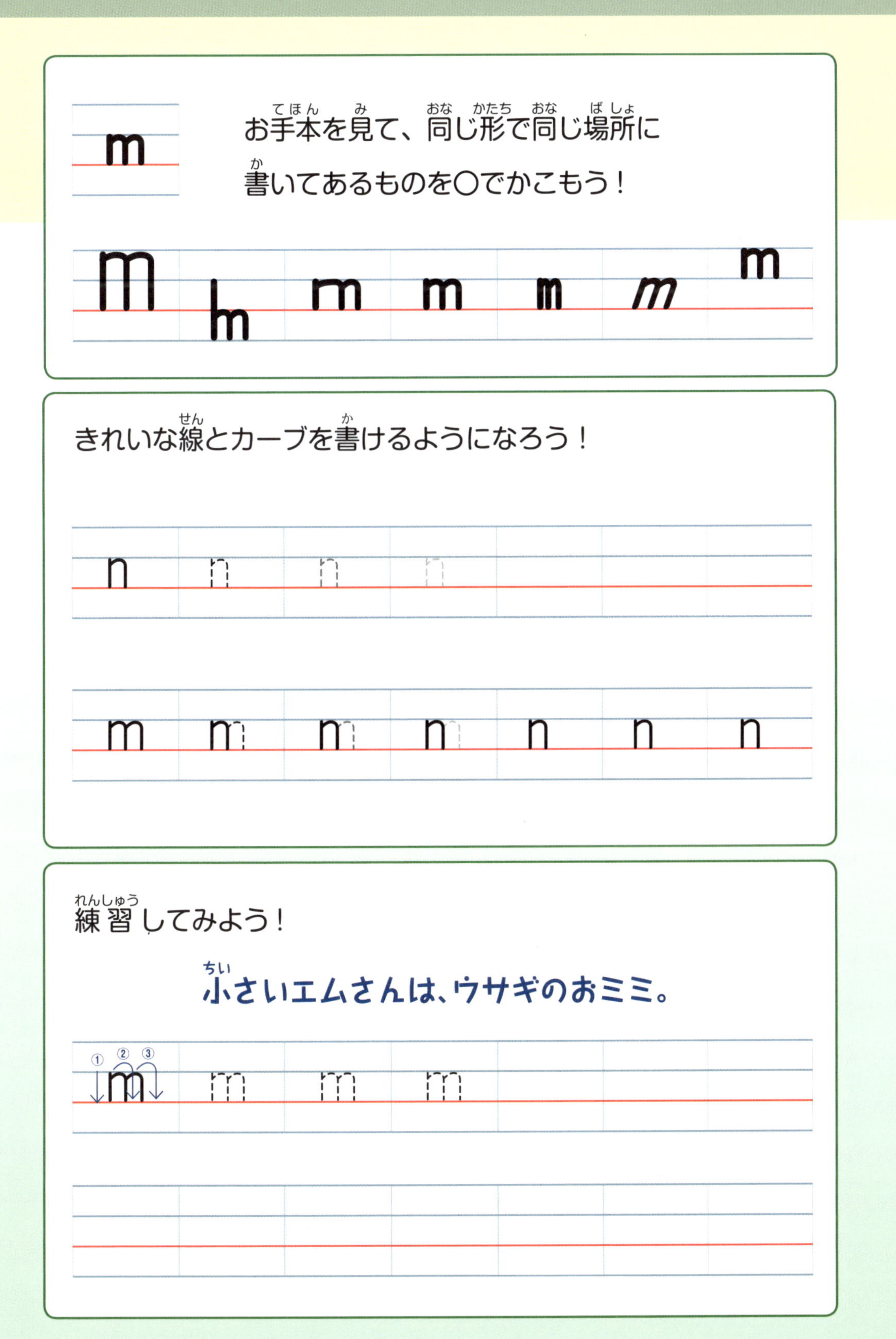
お手本を見て、同じ形で同じ場所に書いてあるものを〇でかこもう！
きれいな線とカーブを書けるようになろう！
練習してみよう！
小さいエムさんは、ウサギのおミミ。

アルファベット小文字（こもじ） n をおぼえよう

n を組（く）み立（た）てるための部品（ぶひん）を 2 つえらんで ○ でかこもう！

ヿ C I ヿ ― ／

ヿ I 左（ひだり）の 2 つの部品（ぶひん）を組（く）み合（あ）わせてできるアルファベットを ○ でかこもう！

r u n m v

n を見（み）つけて、なぞってみよう！

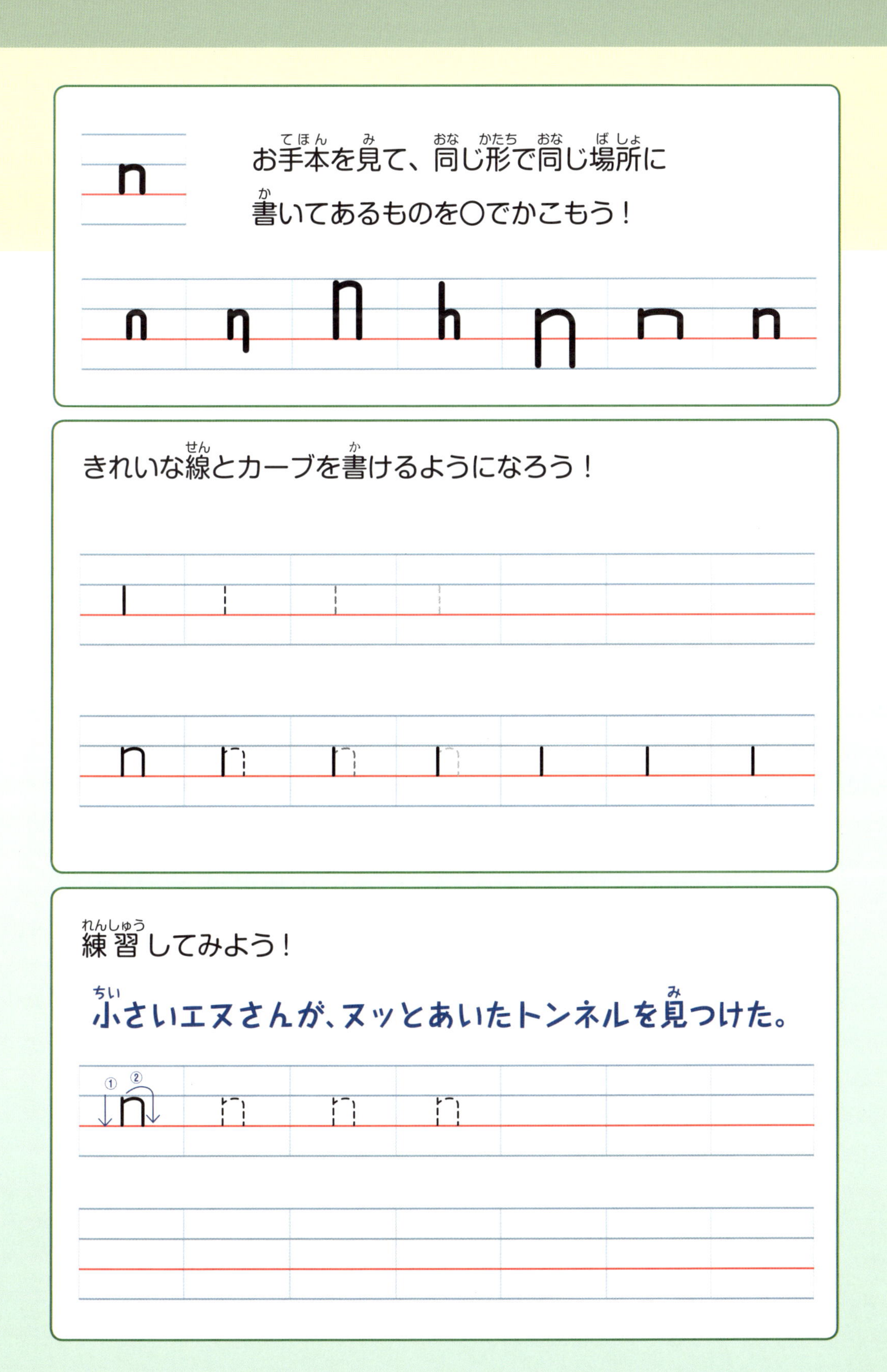
n
お手本を見て、同じ形で同じ場所に
書いてあるものを○でかこもう！
n η ∩ h ∩ ⊓ n
きれいな線とカーブを書けるようになろう！
練習してみよう！
小さいエヌさんが、ヌッとあいたトンネルを見つけた。
① ②
n

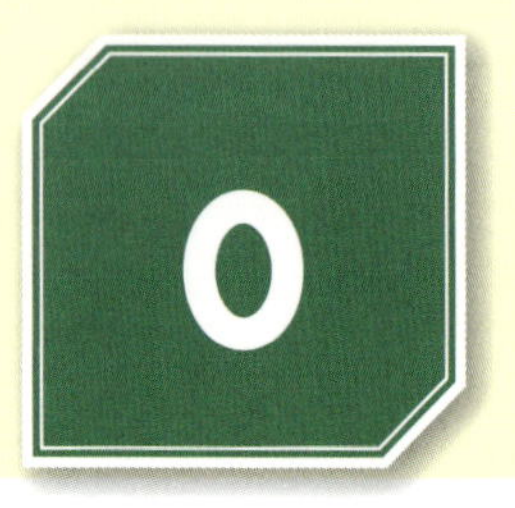

アルファベット小文字 o をおぼえよう

o の部品は１つだけ！えらんで ○ でかこもう！

o 左の部品でできる
アルファベットを ○ でかこもう！

p　b　o　a　e

o を見つけて、なぞってみよう！

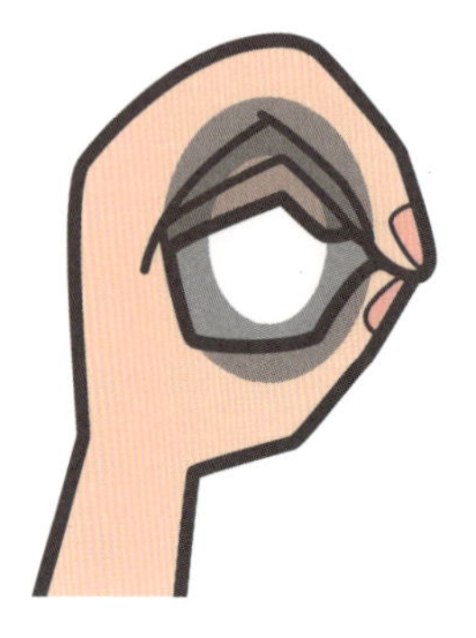

お手本を見て、同じ形で同じ場所に
書いてあるものを〇でかこもう！

きれいなカーブを書けるようになろう！

練習してみよう！

小さいオーさんが、オッと小さく口をあけた。

アルファベット小文字（こもじ）p をおぼえよう

p を組み（く）立（た）てるための部品（ぶひん）を2つえらんで ○ でかこもう！

＼　┐　•　ɔ　￣　|

ɔ |　左（ひだり）の2つの部品（ぶひん）を組み（く）合（あ）わせてできるアルファベットを ○ でかこもう！

d　e　q　g　p

p を見（み）つけて、なぞってみよう！

お手本を見て、同じ形で同じ場所に書いてあるものを○でかこもう！

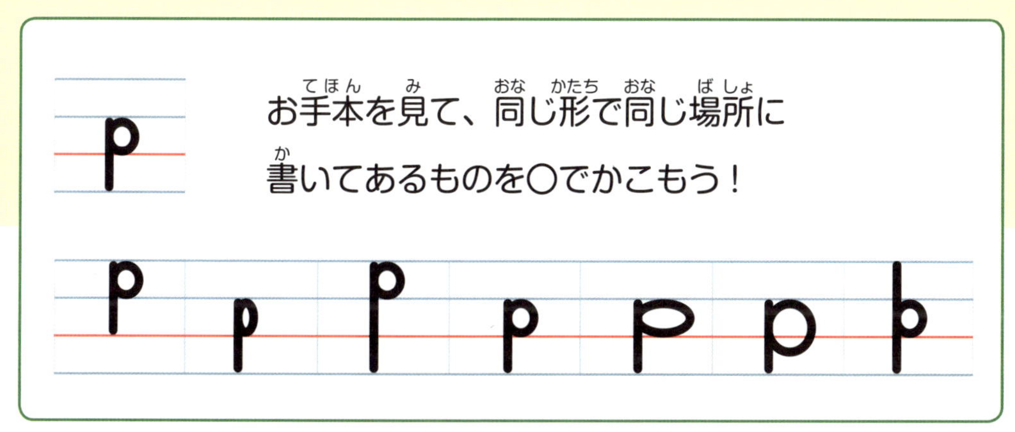

きれいな線とカーブを書けるようになろう！

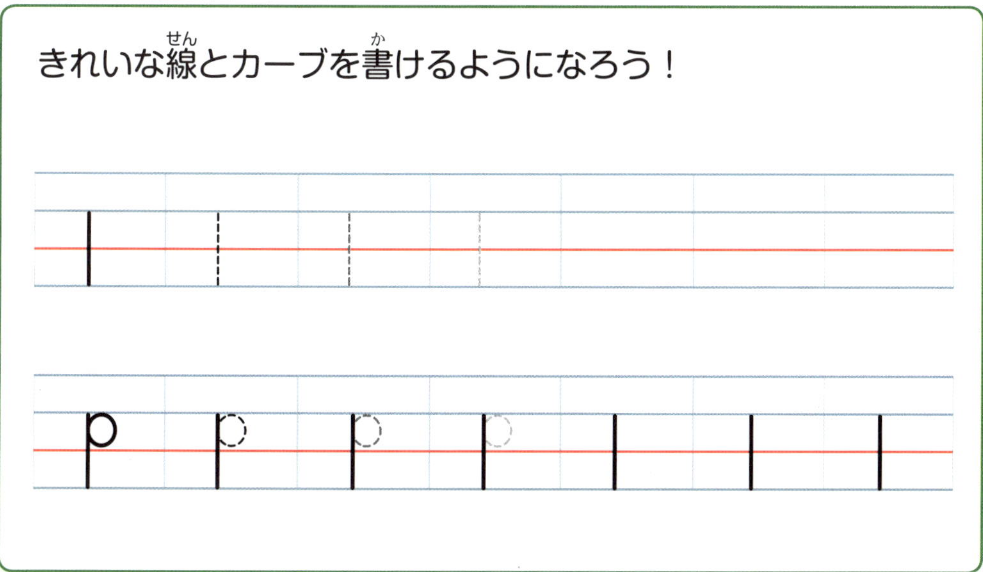

練習してみよう！

小さいピーさんが、ピッと目じるしを土にさした。

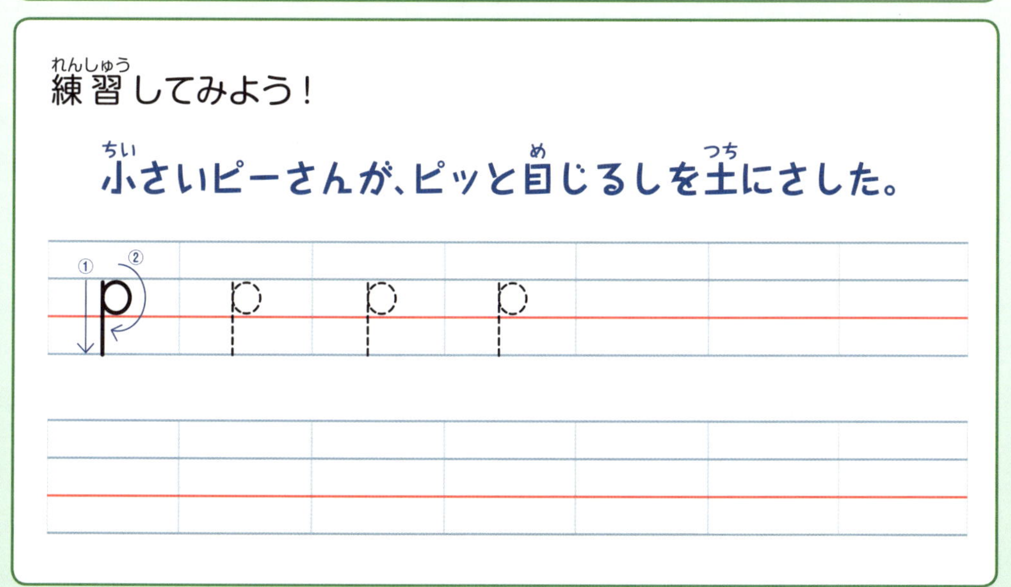

アルファベット小文字 q をおぼえよう

q を組み立てるための部品を 2 つえらんで ○ でかこもう！

＼　┐　・　c　ー　|

c |

左の 2 つの部品を組み合わせてできるアルファベットを ○ でかこもう！

f　a　j　e　q

q を見つけて、なぞってみよう！

お手本を見て、同じ形で同じ場所に
書いてあるものを○でかこもう！

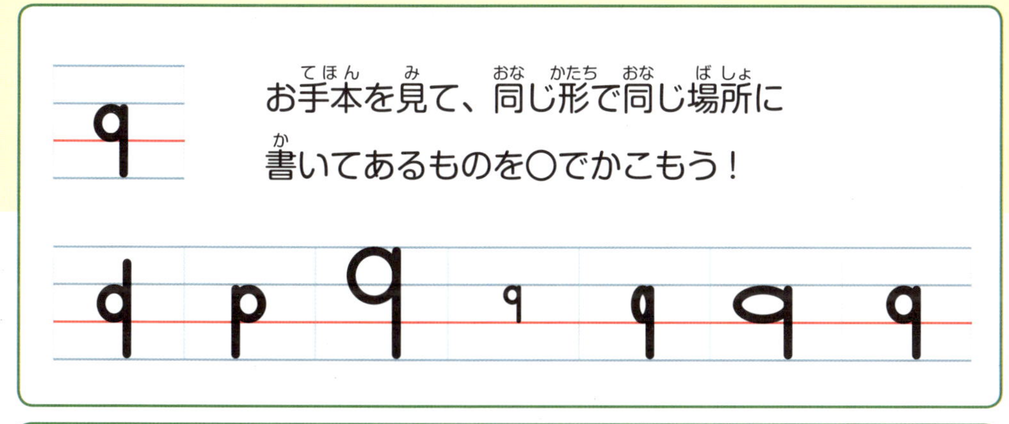

きれいな線とカーブを書けるようになろう！

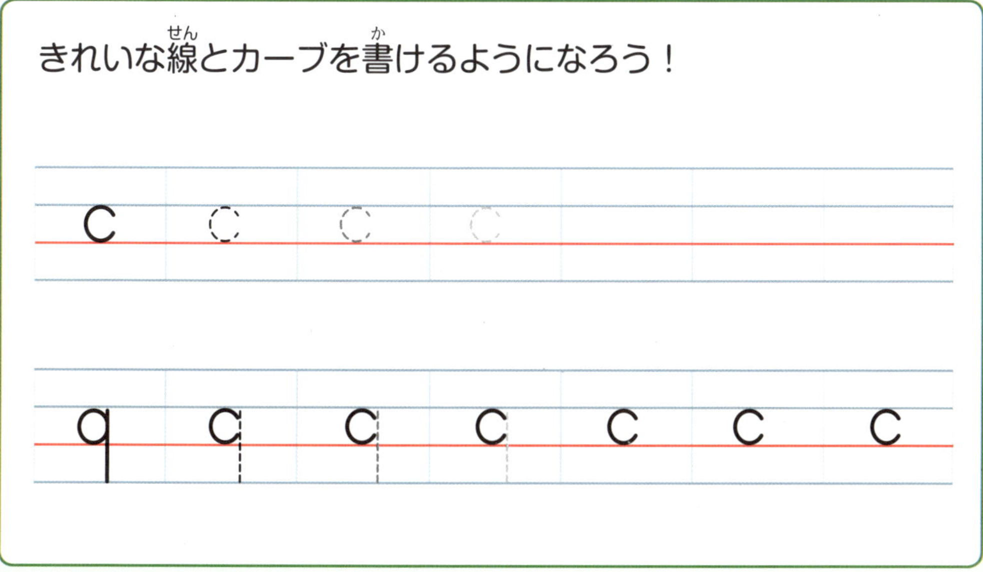

練習してみよう！

小さいキューさんが、クッと数字の 9 を書いた。

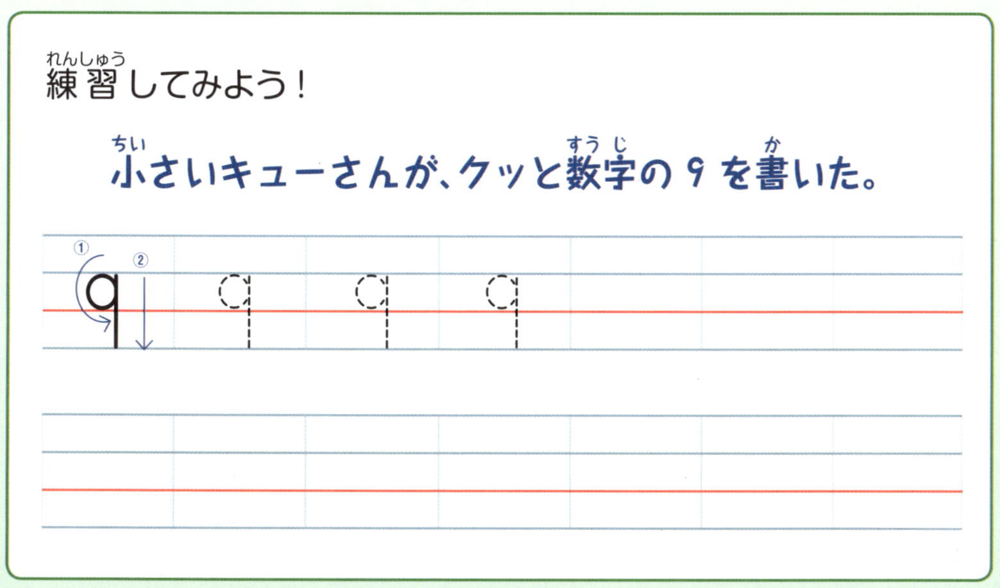

アルファベット小文字 r をおぼえよう

r を組み立てるための部品を2つえらんで ○ でかこもう！

l • o c ╭ —

左の2つの部品を組み合わせてできるアルファベットを ○ でかこもう！

r n v u y

r を見つけて、なぞってみよう！

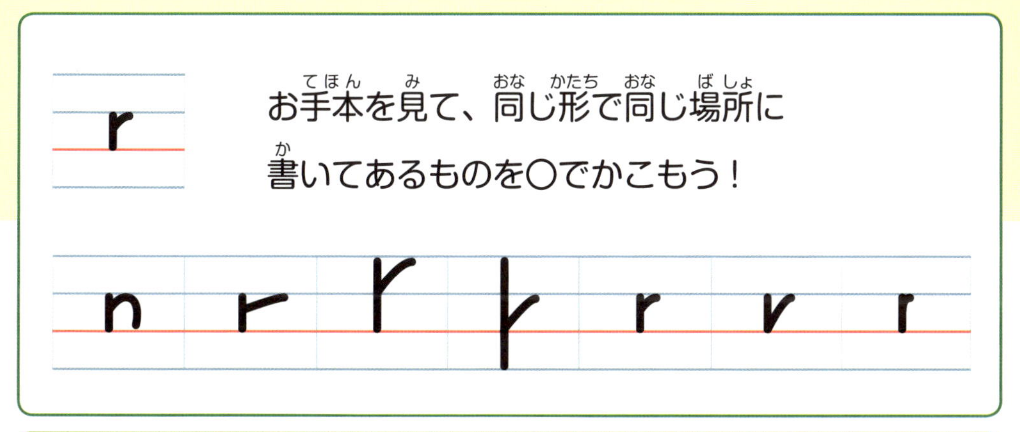

お手本を見て、同じ形で同じ場所に
書いてあるものを○でかこもう！

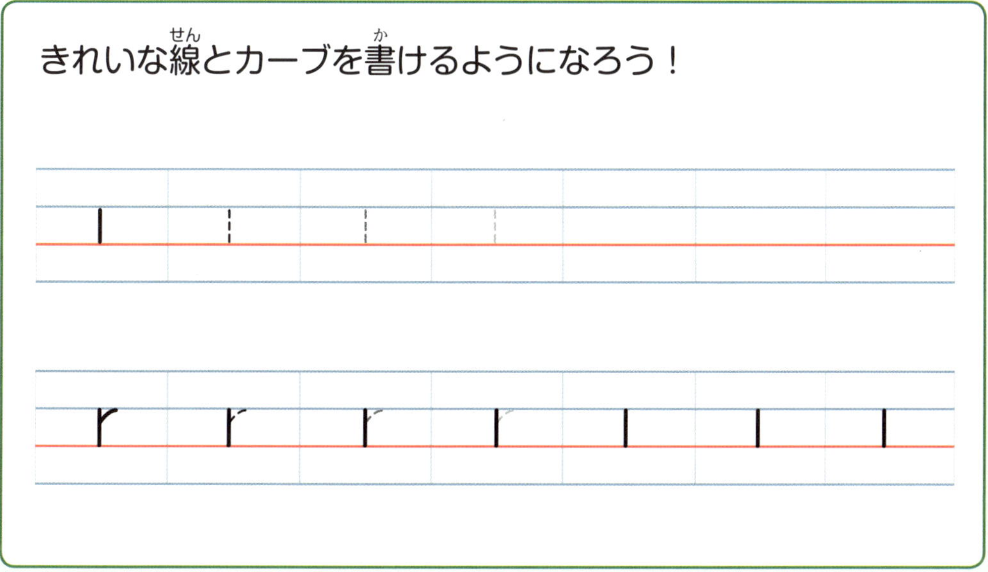

きれいな線とカーブを書けるようになろう！

練習してみよう！

小さいアールさんが、葉っぱがひらくのを見て
アーと言った。

アルファベット小文字 s をおぼえよう

s の部品は1つだけ！えらんで ○ でかこもう！

○ ɔ s • l c

s 左の部品でできる
アルファベットを ○ でかこもう！

l c s z p

s を見つけて、なぞってみよう！

s

お手本を見て、同じ形で同じ場所に書いてあるものを〇でかこもう！

s s s s s s s

きれいなカーブを書けるようになろう！

s s s s

s s s s

練習してみよう！

小さいエスさんが、スラスラッと小さな 8 をとちゅうまで書いた。

s① s s s

アルファベット小文字(こもじ) t をおぼえよう

t を組(く)み立(た)てるための部品(ぶひん)を２つえらんで ○ でかこもう！

ɔ　|　・　o　ˉ　˥

|　ˉ　左(ひだり)の２つの部品(ぶひん)を組(く)み合(あ)わせてできるアルファベットを ○ でかこもう！

f　i　k　t　l

t を見(み)つけて、なぞってみよう！

お手本を見て、同じ形で同じ場所に
書いてあるものを〇でかこもう！

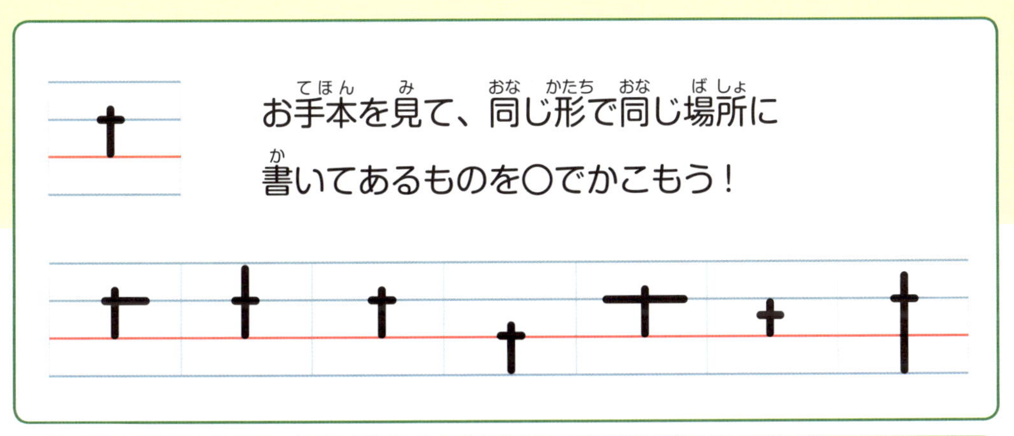

きれいな線を書けるようになろう！

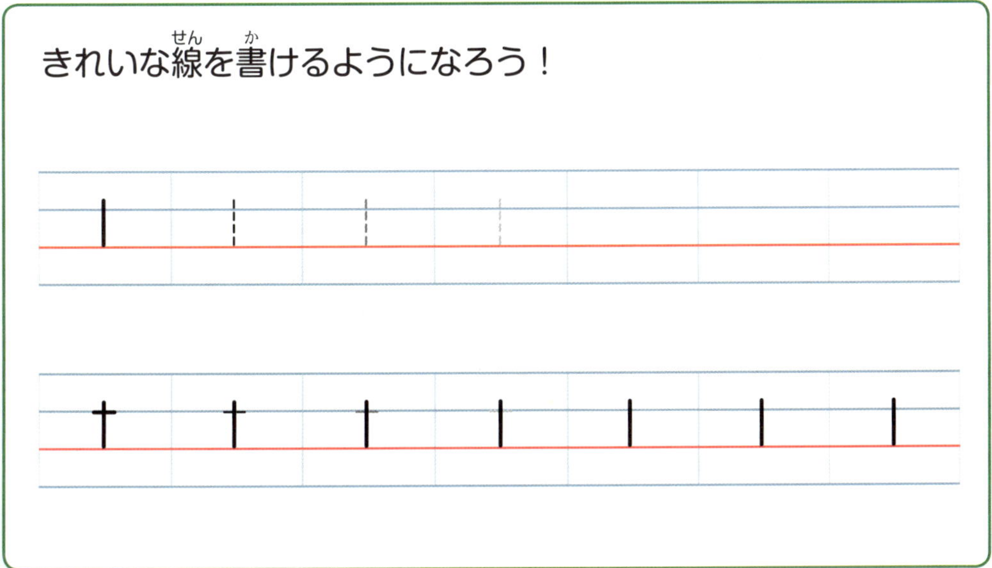

練習してみよう！

小さいティーさんが、トォと言って
漢字の 十 を書いた。

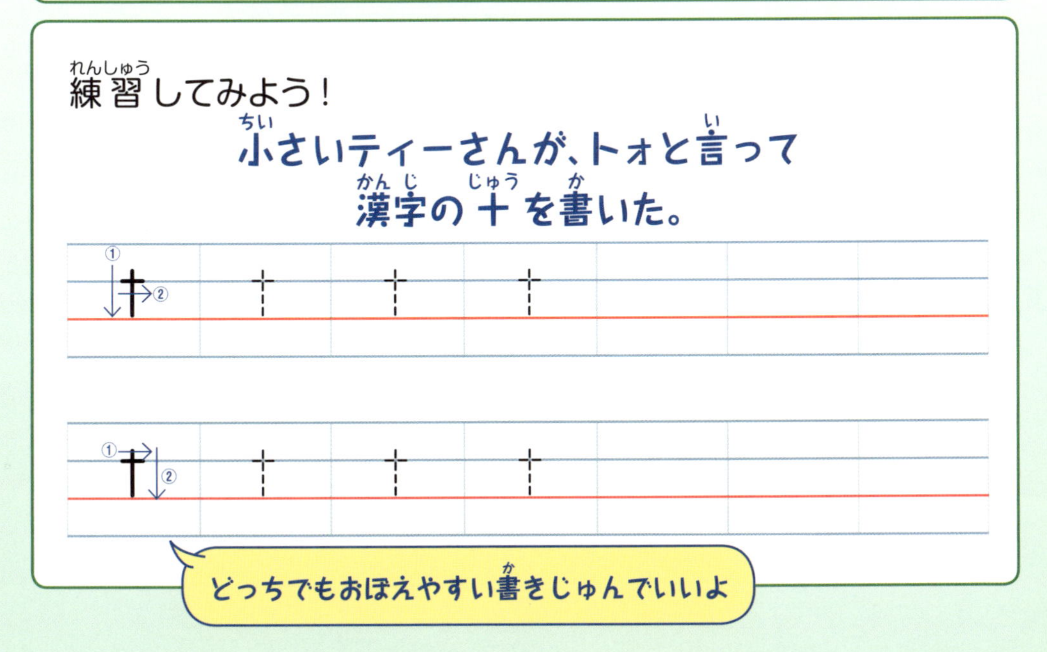

アルファベット小文字 u をおぼえよう

u を組み立てるための部品を 2 つえらんで ○ でかこもう！

c　l　O　‐　し　/

l し　左の 2 つの部品を組み合わせてできるアルファベットを ○ でかこもう！

a　v　w　u　j

u を見つけて、なぞってみよう！

お手本を見て、同じ形で同じ場所に
書いてあるものを○でかこもう！

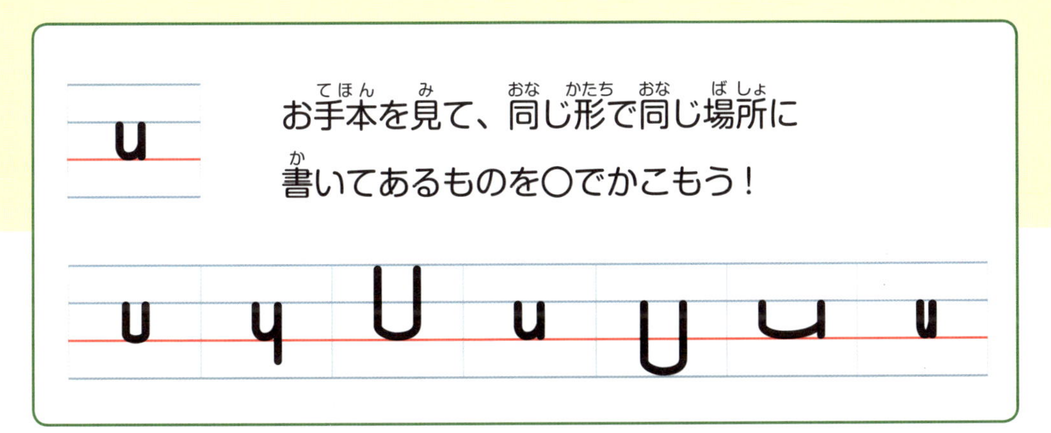

きれいな線とカーブを書けるようになろう！

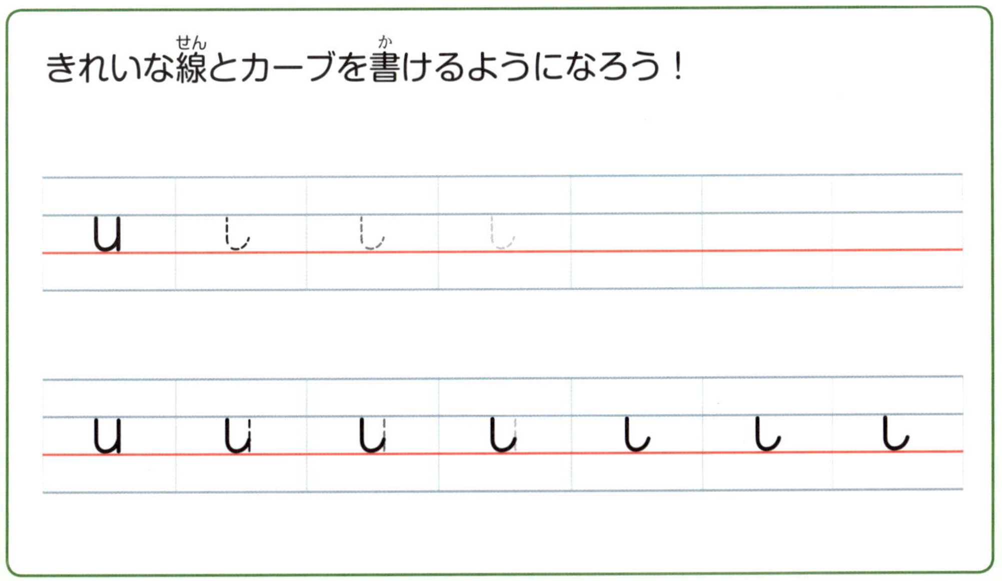

練習してみよう！

小さいユーさんが、アッという間に
コップにとっ手をつけた。

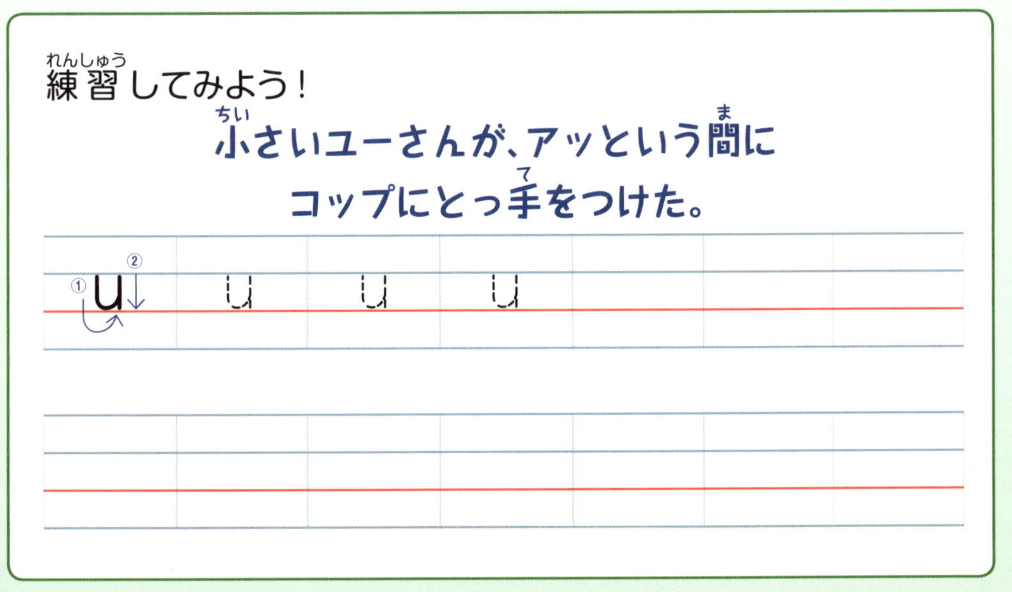

アルフファベット小文字(こもじ) v をおぼえよう

v を組(く)み立(た)てるための部品(ぶひん)を２つえらんで ○ でかこもう！

ー / ㄱ ɾ \ ○

/ \

左(ひだり)の２つの部品(ぶひん)を組(く)み合(あ)わせてできるアルファベットを ○ でかこもう！

u v w y r

v を見(み)つけて、なぞってみよう！

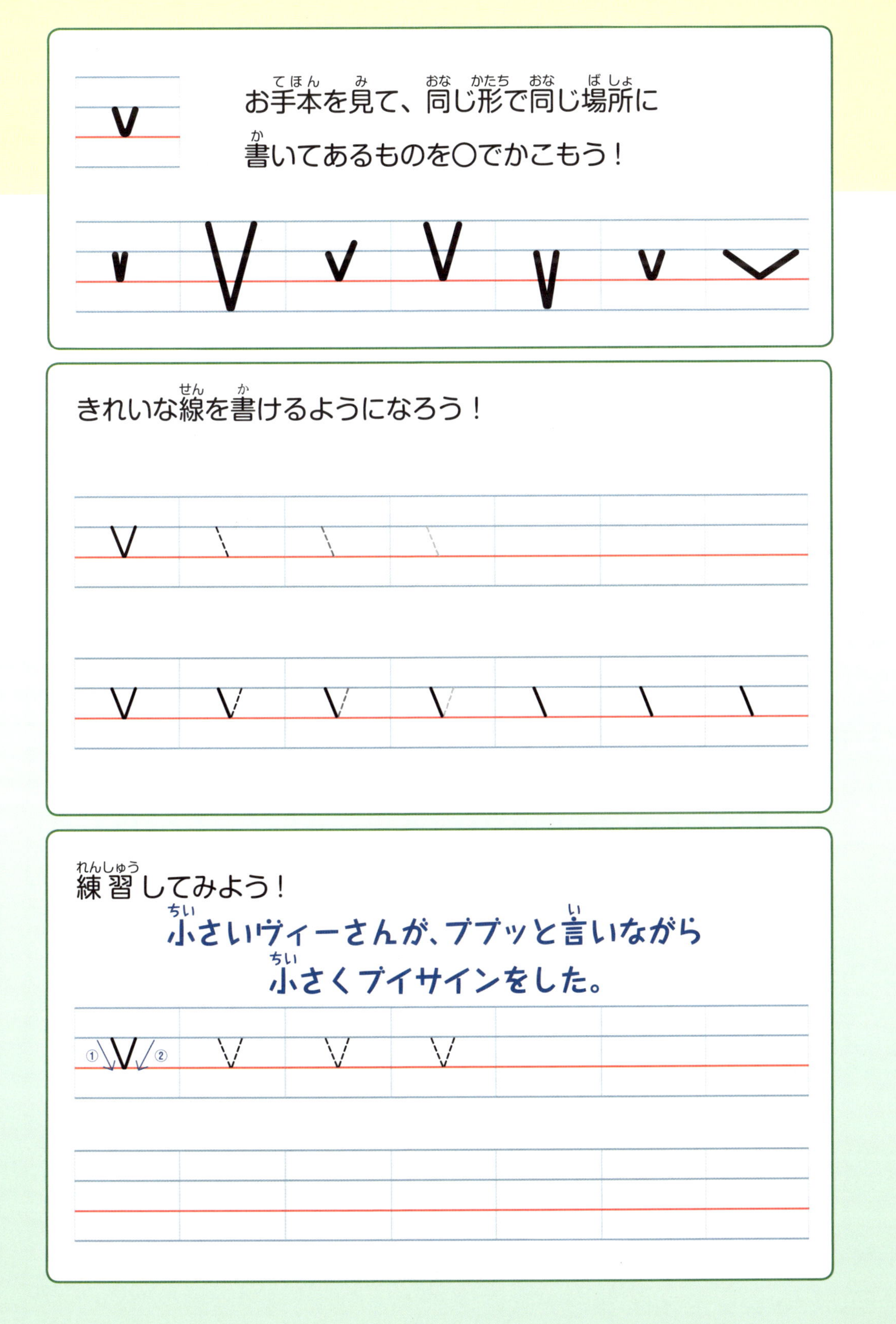

お手本を見て、同じ形で同じ場所に書いてあるものを○でかこもう！

きれいな線を書けるようになろう！

練習してみよう！

小さいヴィーさんが、ブブッと言いながら小さくブイサインをした。

アルファベット小文字(こもじ) w をおぼえよう

w を組(く)み立(た)てるための部品(ぶひん)を 4 つえらんで ○ でかこもう！

/　‾　/　\　u　\

//\\　左(ひだり)の 4 つの部品(ぶひん)を組(く)み合(あ)わせてできるアルファベットを ○ でかこもう！

m　v　y　w　t

w を見(み)つけて、なぞってみよう！

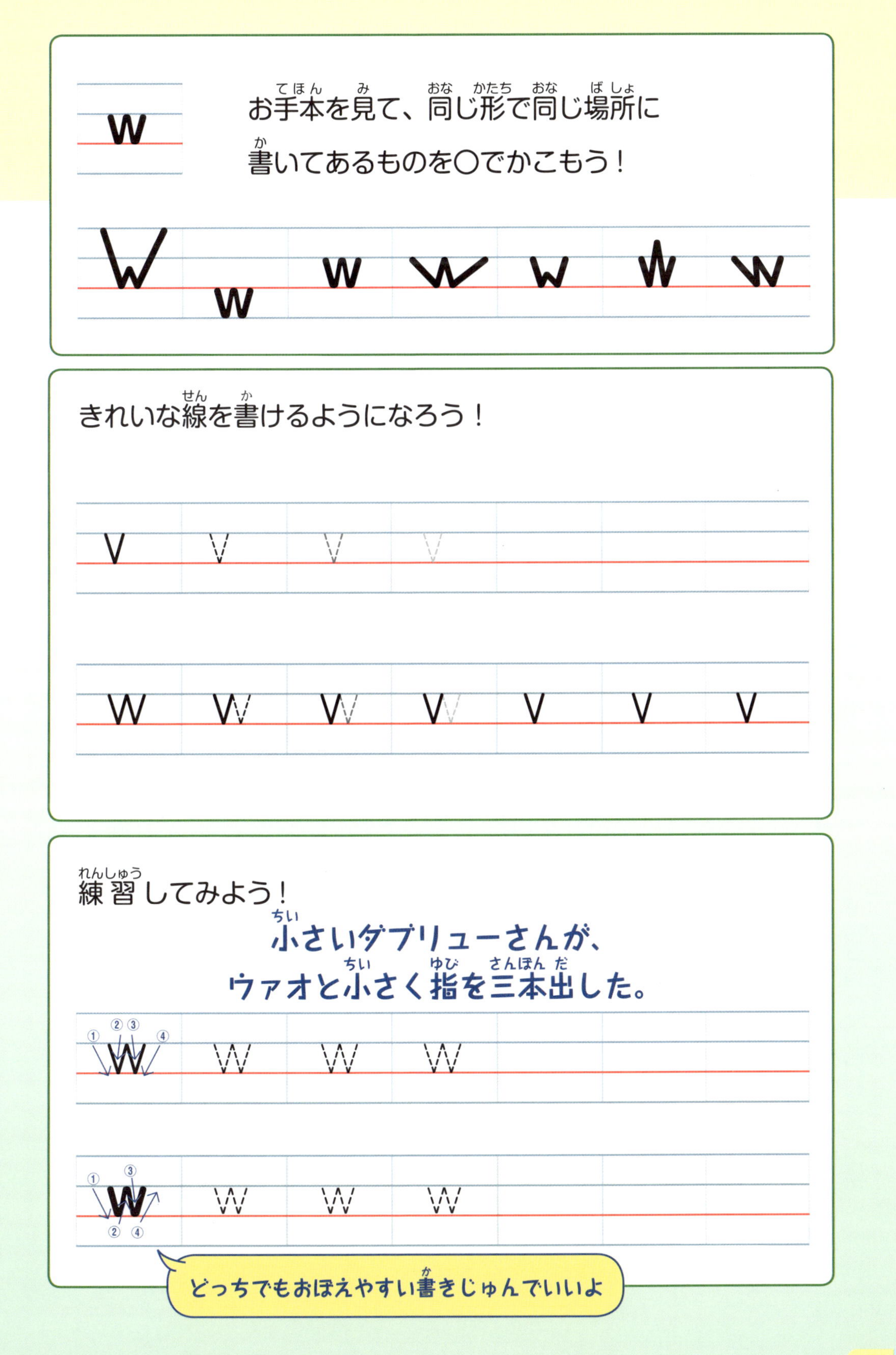
お手本を見て、同じ形で同じ場所に
書いてあるものを○でかこもう！
きれいな線を書けるようになろう！
練習してみよう！
小さいダブリューさんが、
ウァオと小さく指を三本出した。
どっちでもおぼえやすい書きじゅんでいいよ

アルファベット小文字(こもじ) x をおぼえよう

x を組(く)み立(た)てるための部品(ぶひん)を 2 つえらんで ○ でかこもう！

| \ ・ c / �

左(ひだり)の 2 つの部品(ぶひん)を組(く)み合(あ)わせてできるアルファベットを ○ でかこもう！

y x z w i

x を見(み)つけて、なぞってみよう！

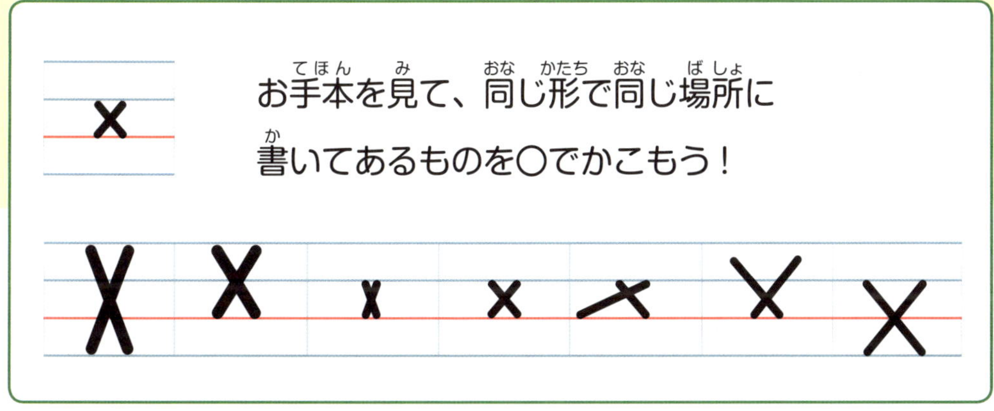

お手本を見て、同じ形で同じ場所に書いてあるものを○でかこもう！

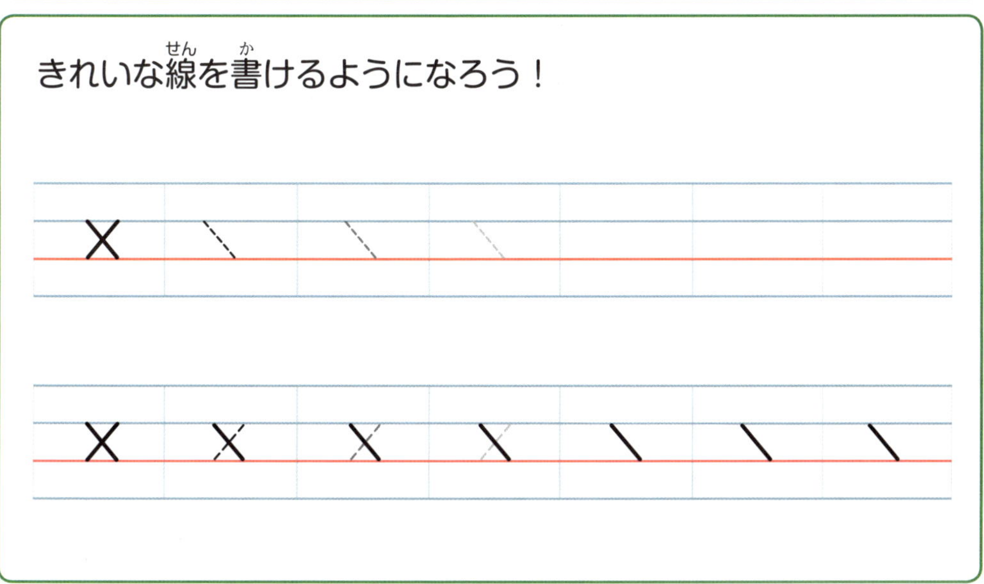

きれいな線を書けるようになろう！

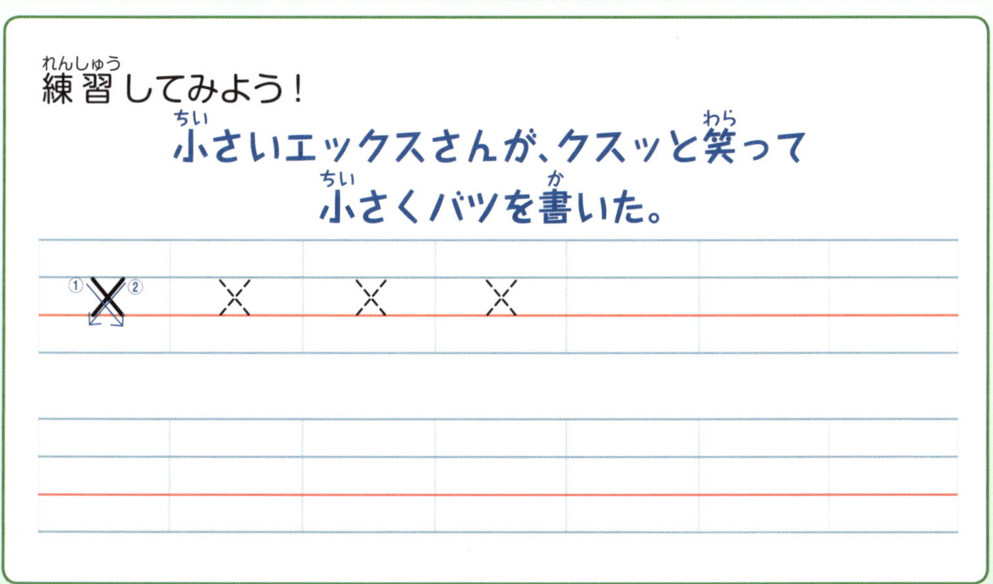

練習してみよう！

小さいエックスさんが、クスッと笑って小さくバツを書いた。

アルファベット小文字（こもじ） y をおぼえよう

y を組（く）み立（た）てるための部品（ぶひん）を 2 つえらんで ○ でかこもう！

ー　/　J　ᒣ　\　c

/ \

左（ひだり）の 2 つの部品（ぶひん）を組（く）み合（あ）わせてできるアルファベットを ○ でかこもう！

v　x　y　z　w

y を見（み）つけて、なぞってみよう！

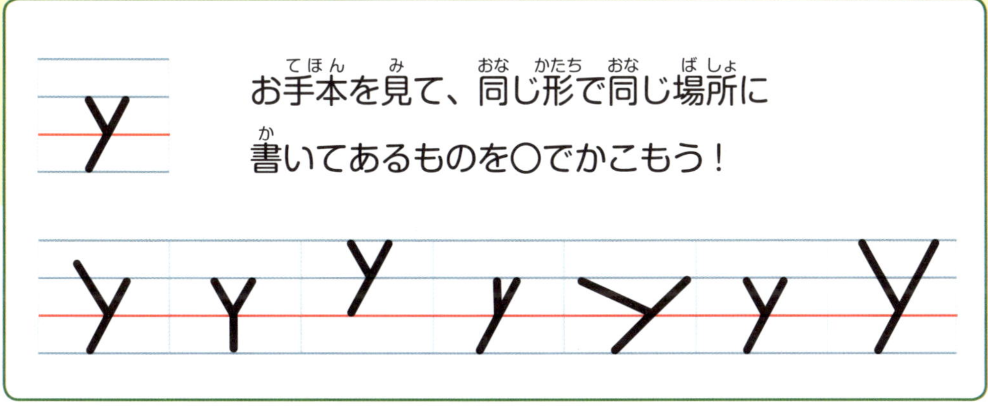

お手本を見て、同じ形で同じ場所に
書いてあるものを○でかこもう！

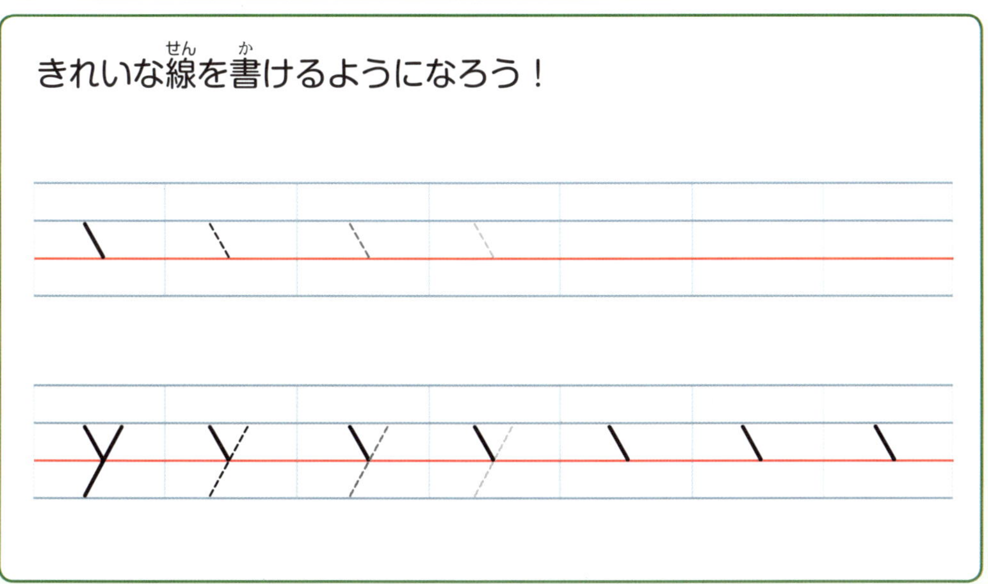

きれいな線を書けるようになろう！

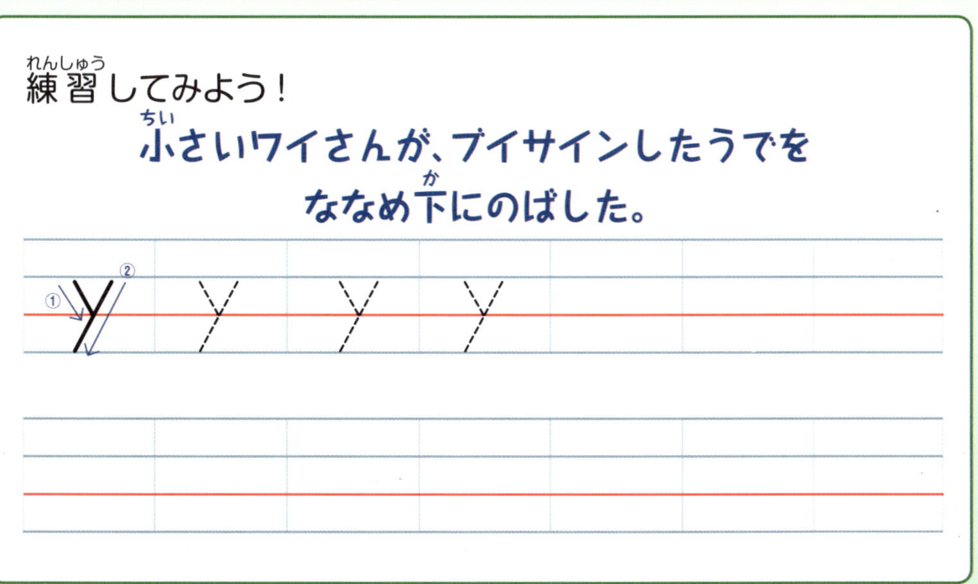

練習してみよう！

小さいワイさんが、ブイサインしたうでを
ななめ下にのばした。

アルファベット小文字 z をおぼえよう

z を組み立てるための部品を 3 つえらんで ○ でかこもう！

c ‾ | ┐ / _

‾ _ / 左の 3 つの部品を組み合わせてできるアルファベットを ○ でかこもう！

v y x w z

z を見つけて、なぞってみよう！

z

お手本を見て、同じ形で同じ場所に
書いてあるものを○でかこもう！

Z z z z Z z z

きれいな線を書けるようになろう！

Z

Z Z Z Z Z Z Z

練習してみよう！

小さいズィーさんが、ズーッと小さな
ニとノの練習をした。

①→ ②
Z
③→

ちがいがわかるかな？

大きさちがいのそっくりさん

C c　O o

S s　V v

W w　X x

Z z

よーく見るとちがってるよ！

k

u

そっくりだけど、もう一度、形と場所をかくにんしよう

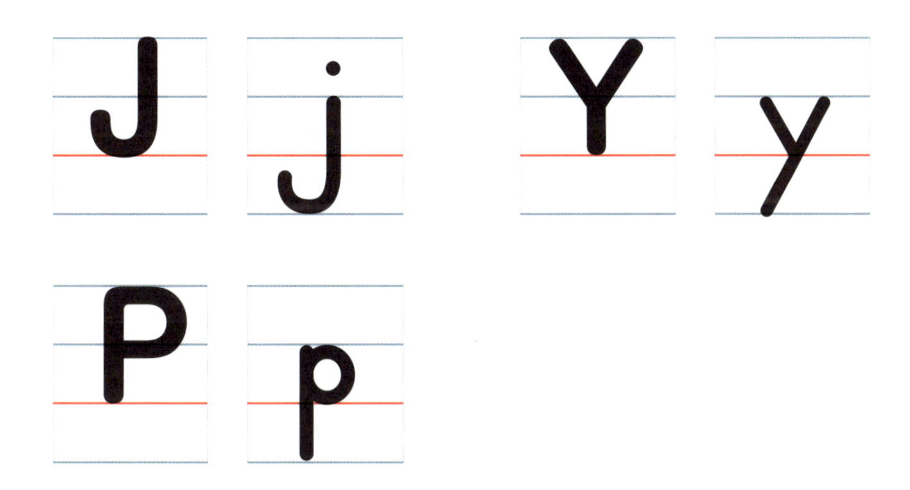

ちがいがわかる君は、アルファベット名人！

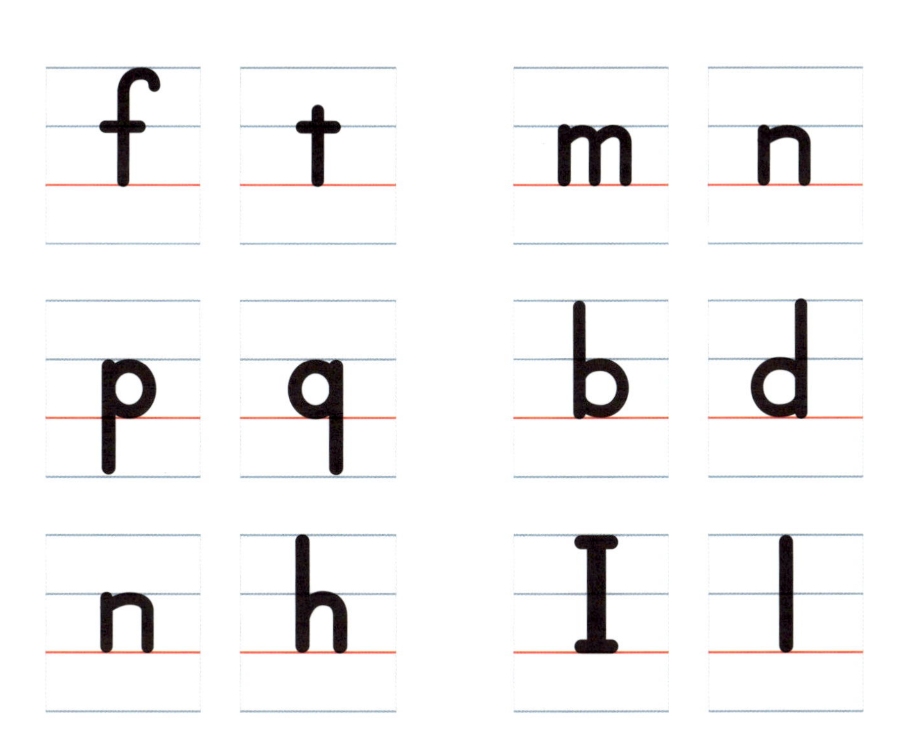

まちがえやすいアルファベットをおぼえよう

みんなが
おぼえられるように
プリンセスがまほうを
かけてあげる！

右手(みぎて)の指(ゆび)をまるめて 小文字(こもじ)の a	右手(みぎて)で OK 小文字(こもじ)の d

左手(ひだりて)で OK 小文字(こもじ)の b	右手(みぎて)で OK 小文字(こもじ)の d

背(せ)もたれなしの まるいすは小文字(こもじ)の **n**	背(せ)もたれありの いすは小文字(こもじ)の **h**

ひとこぶラクダは 小文字(こもじ)の **n**	ふたこぶラクダは 小文字(こもじ)の **m**

両手(りょうて)をばんざい 大文字(おおもじ)の **Y**	ちょっとバランスくずれた 小文字(こもじ)の **y**

両手(りょうて)両足(りょうあし)をばんざい 大文字(おおもじ)の **K**	片手(かたて)片足(かたあし)ちょっぴり曲(ま)げて 小文字(こもじ)の **k**

どっしり安定 大文字の I	バランスとって棒１本 小文字の l
数字の９にそっくり 小文字の q	qと反対 小文字の p
松の葉っぱは 小文字の v	いねのほは 小文字の r
アイスクリームのコーンは 小文字の v	ジュースのグラスは 小文字の u

正しいのはどっち？

正しい方をえらんで、○でかこもう！

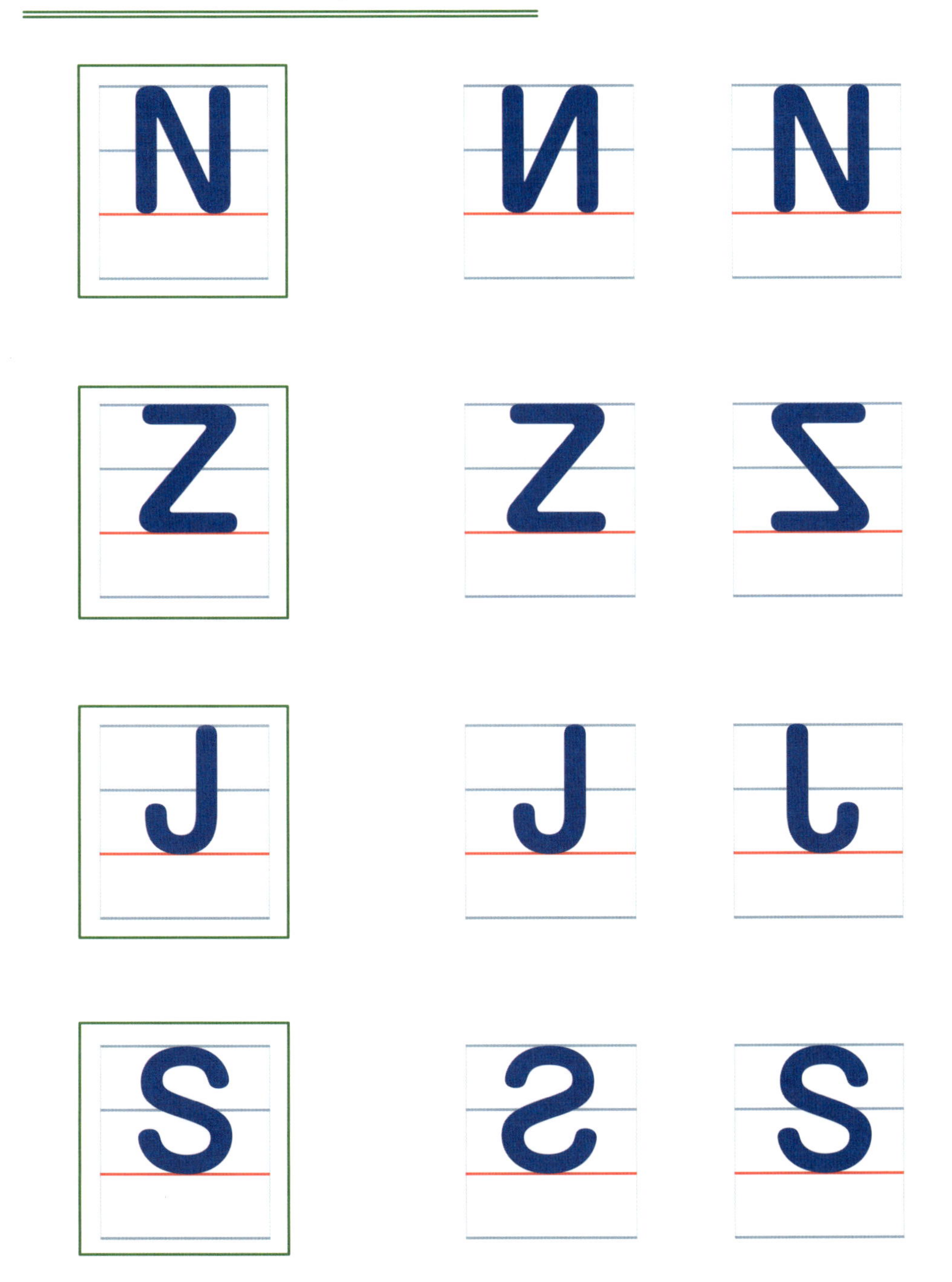

一つの文字からへんしん!!

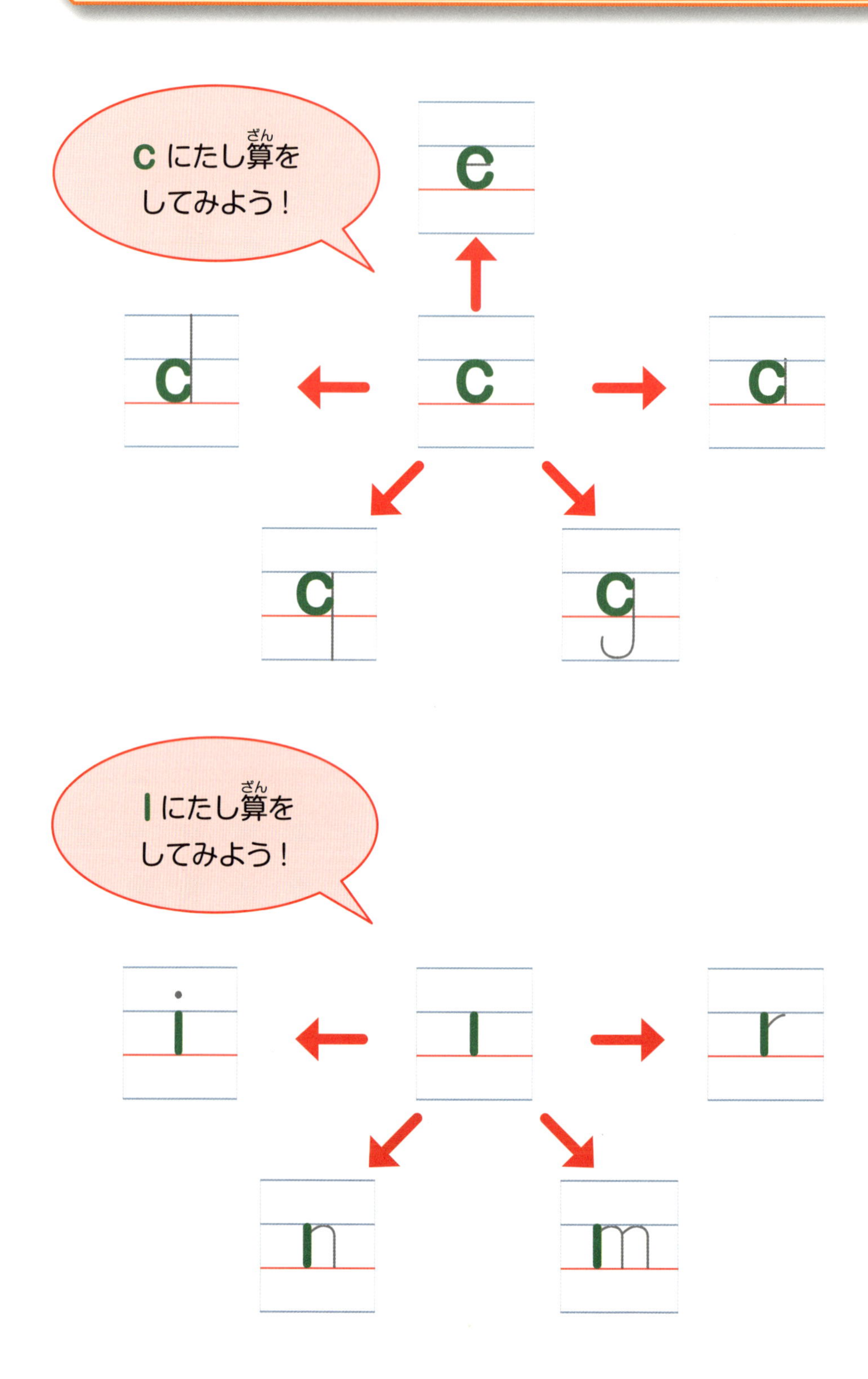

身近にある英単語

身近な英単語を知っていると、とっても役立つよ。

カレンダー

日 Sunday	月 Monday	火 Tuesday	水 Wednesday	木 Thursday	金 Friday	土 Saturday
	1 first	2 second	3 third	4 fourth	5 fifth	6 sixth
7 seventh	8 eighth	9 ninth	10 tenth	11 eleventh	12 twelfth	13 thirteenth
14 fourteenth	15 fifteenth	16 sixteenth	17 seventeenth	18 eighteenth	19 nineteenth	20 twentieth
21 twenty-first	22 twenty-second	23 twenty-third	24 twenty-fourth	25 twenty-fifth	26 twenty-sixth	27 twenty-seventh
28 twenty-eighth	29 twenty-ninth	30 thirtieth	31 thirty-first			

曜日

＊曜日は大文字で書き始めます

曜日	英語	読み方	なぞり書き	練習
日曜日	Sunday	サンディ	Sunday	
月曜日	Monday	マンディ	Monday	
火曜日	Tuesday	テューズディ	Tuesday	
水曜日	Wednesday	ウェンズディ	Wednesday	
木曜日	Thursday	サースディ	Thursday	
金曜日	Friday	フライディ	Friday	
土曜日	Saturday	サタディ	Saturday	

月

＊月は大文字で書き始めます

月	英語	読み方	なぞり書き	
1月	January	ジャニュアリイ	January	
2月	February	フェブルエリイ	February	
3月	March	マーチ	March	
4月	April	エイプリル	April	
5月	May	メイ	May	
6月	June	ジューン	June	
7月	July	ジュライ	July	
8月	August	オウガスト	August	
9月	September	セプテンバー	September	
10月	October	オクトーバー	October	
11月	November	ノゥヴェンバー	November	
12月	December	ディセンバー	December	

日にち

＊日にちは小文字で書き始めます

1日	first ファースト	first	
2日	second セカンド	second	
3日	third サード	third	
4日	fourth フォース	fourth	
5日	fifth フィフス	fifth	
6日	sixth シックスス	sixth	
7日	seventh セブンス	seventh	
8日	eighth エイツ	eighth	
9日	ninth ナインス	ninth	
10日	tenth テンス	tenth	

スポーツ・楽器(がっき)など

こんな会話(かいわ)で使(つか)えるよ！

A: Do you play (スポーツ・楽器(がっき)などの名前(なまえ))？　あなたは、(スポーツ・楽器(がっき)などの名前(なまえ))をしますか。

B: Yes, I do.　/ No, I don't.　はい、します。　/ いいえ、しません。

野球(やきゅう)	baseball ベィスボール	baseball	
サッカー	soccer サッカー	soccer	
卓球(たっきゅう)	table tennis ティボー テニス	table tennis	
バレーボール	volleyball バリーボール	volleyball	
バスケットボール	basketball バスケットボール	basketball	
テニス	tennis テニス	tennis	
ソフトボール	softball ソフトボール	softball	
ピアノ	piano ピアノゥ	piano	
ギター	guitar ギター	guitar	
ゲーム	game ゲィム	game	

食(た)べ物(もの)

こんな会話(かいわ)で使(つか)えるよ！

A: Do you like (食(た)べ物(もの)の名前(なまえ)) ?　あなたは、(食(た)べ物(もの)の名前(なまえ)) が好(す)きですか。

B: Yes, I do.　/ No, I don't.　はい、好(す)きです。　/ いいえ、好(す)きではありません。

ピザ	pizza ピッツア	pizza	
フライドポテト	French fries フレンチ フライズ	French fries	
ケーキ	cake ケイク	cake	
パン	bread ブレッド	bread	
シュークリーム	cream puff クリーム パフ	cream puff	
ホットケーキ	pancake パンケイク	pancake	
スパゲッティ	spaghetti スパゲッティ	spaghetti	
ラーメン	ramen ラーメン	ramen	
ごはん	rice ライス	rice	
そば	soba ソバ	soba	

果物・野菜

こんな会話で使えるよ！

A: Do you like (果物・野菜の名前)？　　あなたは、(果物・野菜の名前)が好きですか。

B: Yes, I do. / No, I don't.　　はい、好きです。/ いいえ、好きではありません。

リンゴ	apple アプル	apple	
みかん	orange オゥレンジ	orange	
ブドウ	grapes グレイプス	grapes	
バナナ	banana バナナ	banana	
メロン	melon メロン	melon	
ニンジン	carrot キャロット	carrot	
タマネギ	onion オニオン	onion	
カボチャ	pumpkin パンプキン	pumpkin	
ジャガイモ	potato ポテイト	potato	
トマト	tomato トメイト	tomato	

動物

こんな会話で使えるよ！

A: Do you have a（動物の名前）？　あなたは、（動物の名前）をかっていますか。

B: Yes, I do.　/ No, I don't.　はい、かっています。/ いいえ、かっていません。

犬	dog	ドッグ	dog	
ネコ	cat	キャット	cat	
ヒツジ	sheep	シープ	sheep	
馬	horse	ホース	horse	
サル	monkey	モンキー	monkey	
トラ	tiger	タイガー	tiger	
パンダ	panda	パンダ	panda	
鳥	bird	バード	bird	
ライオン	lion	ライアン	lion	
ネズミ	mouse	マウス	mouse	

身(み)の回(まわ)りの物(もの)

こんな会話(かいわ)で使(つか)えるよ！

A: Is this your (物(もの)の名前(なまえ)) ?　　これはあなたの (物(もの)の名前(なまえ)) ですか。

B: Yes, it is. / No, it's not.　　はいそうです。 / いいえ、そうではありません。

つくえ	desk デスク	desk	
いす	chair チェアー	chair	
エンピツ	pencil ペンソー	pencil	
ふでいれ	pencil case ペンソー ケィス	pencil case	
けしゴム	eraser イレイサー	eraser	
ペン	pen ペン	pen	
バッグ	bag バッグ	bag	
ノート	notebook ノゥトブック	notebook	
本(ほん)	book ブック	book	
パソコン	computer コンピューター	computer	

ちょっぴり 先取り 英単語

大文字で始まる英単語			小文字で始まる英単語		
A	America	アメリカ（国名）	a	apple	リンゴ
B	Brazil	ブラジル（国名）	b	book	本
C	Canada	カナダ（国名）	c	cake	ケーキ
D	December	12月（月名）	d	door	ドア
E	English	英語（言語名）	e	egg	卵
F	France	フランス（国名）	f	flower	花
G	Germany	ドイツ（国名）	g	garden	庭
H	Hokkaido	北海道（地名）	h	house	家
I	Italy	イタリア（国名）	i	ink	インク
J	Japan	日本（国名）	j	juice	ジュース
K	Korea	韓国（国名）	k	kitchen	台所・キッチン
L	London	ロンドン（地名）	l	lunch	昼食・ランチ
M	Mongolia	モンゴル（国名）	m	moon	月
N	Nagoya	名古屋（地名）	n	night	夜
O	Osaka	大阪（地名）	o	orange	オレンジ
P	Peru	ペルー（国名）	p	piano	ピアノ
Q	Qatar	カタール（国名）	q	quiz	クイズ
R	Russia	ロシア（国名）	r	room	部屋
S	Sapporo	札幌（地名）	s	sport	スポーツ
T	Tokyo	東京（地名）	t	time	時間
U	Ueno	上野（地名）	u	uniform	ユニフォーム
V	Vatican	バチカン（国名）	v	vest	ベスト
W	Wakayama	和歌山（地名）	w	water	水
X	・・・・	・・・・	x	x ray	レントゲン
Y	Yamagata	山形（地名）	y	year	年
Z	Zao	蔵王（地名）	z	zebra	シマウマ

ちょっぴり 先取り(さきどり) 英単語(えいたんご)

大文字(おおもじ)で始(はじ)まる英単語(えいたんご)

A	America	アメリカ (国名)		
B	Brazil	ブラジル (国名)		
C	Canada	カナダ (国名)		
D	December	12月 (月名)		
E	English	英語 (言語名)		
F	France	フランス (国名)		
G	Germany	ドイツ (国名)		
H	Hokkaido	北海道 (地名)		
I	Italy	イタリア (国名)		
J	Japan	日本 (国名)		
K	Korea	韓国 (国名)		
L	London	ロンドン (地名)		
M	Mongolia	モンゴル (国名)		

N	Nagoya	なごや 名古屋 ちめい (地名)		
O	Osaka	おおさか 大阪 ちめい (地名)		
P	Peru	ペルー こくめい (国名)		
Q	Qatar	カタール こくめい (国名)		
R	Russia	ロシア こくめい (国名)		
S	Sapporo	さっぽろ 札幌 ちめい (地名)		
T	Tokyo	とうきょう 東 京 ちめい (地名)		
U	Ueno	うえの 上野 ちめい (地名)		
V	Vatican	バチカン こくめい (国名)		
W	Wakayama	わかやま 和歌山 ちめい (地名)		
X	. . . .	. . . .		
Y	Yamagata	やまがた 山形 ちめい (地名)		
Z	Zao	ざおう 蔵王 ちめい (地名)		

ちょっぴり先取り(さきどり)英単語(えいたんご)

小文字(こもじ)で始(はじ)まる英単語(えいたんご)

a	apple	リンゴ		
b	book	本(ほん)		
c	cake	ケーキ		
d	door	ドア		
e	egg	卵(たまご)		
f	flower	花(はな)		
g	garden	庭(にわ)		
h	house	家(いえ)		
i	ink	インク		
j	juice	ジュース		
k	kitchen	台所(だいどころ)・キッチン		
l	lunch	昼食(ちゅうしょく)・ランチ		
m	moon	月(つき)		

n	night	夜（よる）		
o	orange	オレンジ		
p	piano	ピアノ		
q	quiz	クイズ		
r	room	部屋（へや）		
s	sport	スポーツ		
t	time	時間（じかん）		
u	uniform	ユニフォーム		
v	vest	ベスト		
w	water	水（みず）		
x	x ray	レントゲン		
y	year	年（とし）		
z	zebra	シマウマ		

絵の中に17このアルファベットがかくれてるよ。

答え：B,F,G,H,I,J,K,L,N,O,P,Q,R,T,U,W,Y

なぞときアルファベット 2

絵の中に4つのアルファベットがかくれてるよ。

アルファベットの暗号をといてみよう!!

何の単語があらわれたかな？

答え：cake（ケーキ）

なぞときアルファベット 3

絵の中に5つのアルファベットがかくれてるよ。

アルファベットの暗号をといてみよう!!

何の単語があらわれたかな？

答え：apple（リンゴ）

なぞとき アルファベット 4

絵の中に 5 つのアルファベットがかくれてるよ。

アルファベットの暗号をといてみよう !!

何の単語があらわれたかな？

答え：house（家）

なぞとき アルファベット 5

絵の中に 6 つのアルファベットがかくれてるよ。

アルファベットの暗号をといてみよう !!

何の単語があらわれたかな？

答え：flower（花）

じょうずに言うと英語に聞こえるよ

1	ほったイモいじるな。	What time is it now?	今何時ですか？
2	あ、いる、後藤　イオン。	I'll go to AEON.	イオンに行くつもりです。
3	わっ、チョウ、ねぇ〜。	What's your neme?	名前はなんですか？
4	土曜、ハブに　ペッ。	Do you have any pets?	ペットを飼っていますか？
5	あ、蛾だ、あし。	I got up at six	6時に起きました。
6	あっ、楽　〜。	I like 〜.	〜が好きです。
7	アリ　ビン　〜。	I live in 〜.	〜に住んでます。
8	あっ、ハブ　あせったぁ。	I have a sister.	私には姉（妹）が一人います。

ゴロ合わせでおぼえよう

1	おはようは、いい牛のなき声	Good morning.	グッモーニング
2	ごきげんいかがはハワイのゆかげん	How are you?	ハウアーィユー？
3	おやすみはいいことがない	Good night.	グッナイ
4	お気に入りのふえがバリッとおれた	favorite	フェイバリッ
5	ありがとうは1000を9回	Thank you.	センキュー

文　献

泉伸一（2016）『第２言語習得と母語習得から「ことばの学び」を考える』アルク.
市川力（2004）『英語を子供に教えるな』中央公論新社.
鶴蒔靖夫（2010）『０歳時からの英語教育―英会話スクール「メガブルーバード」の挑戦』ＩＮ通信社.
日本精神神経学会・精神科病名検討連絡会（2014）「DSM-5 病名・用語翻訳ガイドライン（初版）」『精神神経学雑誌』第 116 巻第６号, 429-57.
松村昌紀（2009）『英語教育を知る 58 の謎』大修館書店.
三浦光哉（2016）『知的障害・発達障害の教材・教具 117』ジアース教育新社.
三浦光哉（2017）『特別支援教育のアクティブ・ラーニング』ジアース教育新社.
溝上由紀（2012）「子供の英語教育は本当に必要か―早期英語教育を推進する言説の批判的分析―」愛知江南短期大学研究紀要第 41 号, 17-38, 愛知江南短期大学.
茂木弘道（2001）『小学校に英語は必要ない』講談社.
森山進（2011）『英語社内公用語化の傾向と対策―英語格差社会に生き残るための７つの鉄則』研究社.
文部省（1998）『小学校学習指導要領』
文部省（1999）『学習障害児に対する指導について（報告）』
文部科学省（2003）『今後の特別支援教育の在り方について（最終報告）』
文部科学省（2008）『小学校学習指導要領』『小学校学習指導要領解説』
文部科学省（2017）『小学校学習指導要領』
文部科学省（2017）『小学校学習指導要領解説』外国語活動・外国語編

おわりに

本書は、外国語学習が小学３年生から始まることを受け、外国語学習には欠かすことのできない「アルファベット」の完全習得に向けて、様々な角度からのアプローチをまとめたものです。「アルファベット」の指導はこれまでも当然行われてきております。みなさんにも、アルファベットソングを歌いながら発音練習をしたり、書き順を学んでからなぞり書きをしたり、何度も書く練習をしてから確認テストをしたりしながらアルファベットを覚えた記憶があるのではないでしょうか。

「アルファベット」を書く練習ができるドリルは、実にたくさん作られていますが、書き順となぞり書きを中心としたものが多いように思います。

中学校の英語教員である筆者も、上記のようなものを活用してアルファベット指導をしてきました。しかし、なかなかアルファベットを覚えられずに苦労している子供に対する指導についてはいい指導法が浮かばず、ずっと悩んでいました。筆者自身が、指導に関する発想の転換を図ることができずにいたからだと思います。

山形大学長期研修生として「発達障害」について学ぶうちに、子供には様々な認知特性があるということを知りました。大きく分けると、書き順などのように「順番」を意識する学習法のほうがわかりやすい子供（継次処理能力が強い）、文字の形や図などのように「全体像」をとらえてから学習するほうがわかりやすい子供（同時処理能力が強い）がいます。定型発達の子供たちであってもこの差は見られますが、特に発達障害を抱える子供たちは、この２つの能力差が大きい場合が多いのです。そこで、いろいろな角度からアルファベットに触れることで、認知に偏りのある子供たちも、それぞれの認知能力を活用しながらアルファベットを習得できるようなものを作りたいと考えたのです。

また、「ローマ字」は小学３年生で学ぶことになっており、加えて外国語活動も始まることで「アルファベット」と「ローマ字」の混乱が懸念されました。「英語の学習にローマ字は邪魔だ」という意見もたくさん聞かれますが、ローマ字はローマ字として必要な面も多々あるのではないかと考えています。ローマ字の習得が英語の学習の妨げになってはいない、という内容の論文も発表されています。大切なのは、「英語」と「ローマ字」の混乱を防ぐための指導がきちんとなされることだと思います。そこで、今回は、「英語」と「ローマ字」の違いについて、イラスト入りのＱ＆Ａ形式でわかりやすく示しました。子供たちの「気付き」を引き出すポイントを随所に取り入れ、楽しみながら学習できる工夫をしましたので、ぜひご活用いただければと思います。

末筆になりましたが、本書の出版を快く引き受けてくださいました、ジアース教育新社の加藤勝博社長、編集の市川千秋様、イラストの小俣千登勢様に深く感謝申し上げます。

平成 30 年 7 月　　**佐竹　絵理**

著者

三浦　光哉（みうら　こうや）

山形大学教職大学院教授・山形大学特別支援教育臨床科学研究所所長。宮城県公立小学校教諭、宮城教育大学附属養護学校教諭、宮城教育大学非常勤講師、山形大学教育学部助教授、山形大学地域教育文化学部教授を経て現職。主な著書に、『「共育」「特別支援教育」「大学連携」三つの視点で学力向上！』（ジアース教育新社, 2018）、『ユニバーサルデザインの学級づくり・授業づくり』（明治図書, 2018）、『特別支援教育のアクティブ・ラーニング』（ジアース教育新社, 2017）、『５歳アプローチカリキュラムと小１スタートカリキュラム』（ジアース教育新社, 2017）、『知的障害・発達障害の教材・教具117』（ジアース教育新社, 2016）、『小１プロブレムを防ぐ保育活動（理論編）（実践編）』（クリエイツかもがわ, 2013）など多数。

佐竹　絵理（さたけ　えり）

山形県米沢市立第三中学校教諭（英語科担当）、兼山形大学長期研修生（特別支援教育分野）。旅行会社JTB等、民間企業２社を経て山形県の中学校教諭に転職し、これまで７つの中学校で英語を担当してきている。共著の『特別支援教育のアクティブ・ラーニング』（ジアース教育新社, 2017）では「外国語活動（英語）」を分担執筆。

表紙デザイン／宇都宮 政一
イラスト／小俣 千登勢〔簡単！ ローマ字と英語の違い Q&A〕

苦手な子供でもできる！
アルファベットと英単語の覚え方

2018年7月2日　第1版第1刷発行

■　著　　三浦 光哉・佐竹 絵理
■発行人　加藤 勝博
■発行所　株式会社 ジアース教育新社

〒101-0054　東京都千代田区神田錦町1-23　宗保第2ビル
TEL：03-5282-7183　FAX：03-5282-7892
E-mail：info@kyoikushinsha.co.jp
URL：http//www.kyoikushinsha.co.jp/

■DTP　株式会社 彩流工房
■印刷・製本　シナノ印刷 株式会社
Printed in Japan
ISBN978-4-86371-470-0
定価はカバーに表示してあります。